Lektorat Burghard König

Unsere technisierte und automatisierte Arbeitswelt steht dem Bedürfnis nach ausreichender Bewegung und ungezwungener Kommunikation oft entgegen. Um so wichtiger ist für unser Leben der Sport geworden: als gezieltes Fitnessprogramm, als Freizeitgestaltung oder als gemeinschaftsförderndes Spiel.

Die *rororo Sportbücher* zeigen Wege auf, wie man allein oder in der Gruppe zu einer sinnvollen körperlichen Betätigung kommt. Sie informieren den Anfänger und geben Anleitungen für den Freizeitsportler, enthalten Lehr- und Übungsprogramme für den Fortgeschrittenen und stellen dem Lehrer methodisch wie didaktisch erprobte Unterrichtsmaterialien bereit.

Die in regelmäßiger Folge erscheinenden Bände runden sich zu einer in sich geschlossenen Sportbibliothek ab.

Rudern

Training
Technik
Taktik

Walter Schröder

Rowohlt

Originalausgabe

Umschlagentwurf Werner Rebhuhn (Foto: Horst Lichte)
Typographie Werner Rebhuhn / Layout Hermann Knauel
Illustrationen Heinz Waldvogel
Veröffentlicht im Rowohlt Taschenbuch Verlag GmbH,
Reinbek bei Hamburg, April 1978
Copyright © 1978 Text und Abbildungen
by Rowohlt Taschenbuch Verlag GmbH,
Reinbek bei Hamburg
Alle Rechte vorbehalten
Satz Times (Linotron 505 C)
Gesamtherstellung Clausen & Bosse, Leck
Printed in Germany
1080-ISBN 3 499 17010 8

Das Umschlagfoto zeigt Weltmeister Peter-Michael Kolbe.

Überarbeitete Auflage:
24.–27. Tausend Juni 1984

Inhalt

Anfängerunterricht im Trimmi

Einleitung

Dieses Buch will vornehmlich den Leser ansprechen, der am Rudern interessiert ist und die notwendigen *Grundlagenkenntnisse* zum Ausüben des Sports erwerben will. Zum Verständnis des Inhalts werden daher keine speziellen Vorkenntnisse und Erfahrungen erwartet. Für die Ausführung wird keine besondere körperliche Leistungsfähigkeit vorausgesetzt, außer der Schwimmfähigkeit aus Sicherheitsgründen.

Das Buch wendet sich verstärkt an den *Sportlehrer* im schulischen und außerschulischen Bereich, der noch kein Experte im Rudern ist, aber Informationen wünscht, um Schüler in diese Sportart einführen zu können. Doch auch der ausgebildete *Ruderlehrer* mag Anregungen für seinen Unterricht aus einem modernen Ansatz der Bewegungslehre und der daraus abgeleiteten Methodik gewinnen.

Die *Trainingslehre* für Rennruderer wird kurz dargestellt, um dem leistungssportbegeisterten Jugendlichen den Anwendungsbereich der Rudertechnik im Wettkampf vorzustellen. Das Buch will dagegen keine Antwort auf spezielle Fragen des Hochleistungstrainings im Rudern geben. Hierzu muß der Interessierte auf die weiterführende Literatur verwiesen werden (siehe «Literaturhinweise», Seite 201).

Es werden ferner die Gebiete des *Fahrten- und Wanderruderns* vorgestellt, also die Anwendungsbereiche, in denen viel mehr Ruderer aktiv tätig sind als im Rennrudern und an denen jeder Ruderer über einen viel längeren Zeitraum aktiv mitmachen kann.

Letztlich soll eine größere Zahl von Lesern für das aktive Betreiben des Lifetime-Sports ‹Rudern› gewonnen werden, welcher eine lebenslange Fitness in hohem Maße fördert.

Der Weg in die Sportart, die *Lehrmethode*, beeinflußt entscheidend die Zahl der Schüler, die für eine Sportart interessiert werden kann und die nach einem Lernkurs in der Sportart verbleibt.

Die geschichtliche Entwicklung der Rudermethodik zeigt auf, wie sich das Lehrverfahren anfangs hauptsächlich an der äußeren Form der Ruderbewegung orientierte. Die Lernschritte wurden von der *zergliederten Bewegung* abgeleitet. Später wurde mit der Forderung nach *jugendgemäßer Belastung* der Lernende in den Mittelpunkt der Diskussion gestellt. Die Lerninhalte wurden aus den Entwicklungsphasen des Jugendlichen abgeleitet. In der jüngsten Zeit treten Überlegungen zum *Vermittlungsprozeß* in den Vordergrund; aus einem kybernetisch orientierten Modell des motorischen Lernens werden die Lehrwege begründet. Dabei spielt der Aufbau von inneren *Regelkreisen* bei der Koordination der Bewegung eine ausschlaggebende Rolle.

Rudern lernen ist kinderleicht, wenn man es im sogenannten ‹Geschicklichkeitsalter› und im kindgerechten Gerät erlernt. Das geeignete Gerät hierfür ist das schmale Jugendskiff. Für den älteren Schüler ist der breitere Trimmi das beste Lerngerät. So ergibt sich mit der Forderung nach dem Arrangieren von altersspezifischen Lernsituationen ein erster Aspekt für die Auswahl der Lehrweise.

Da Rudern eine geländegebundene Sportart ist, ergibt sich eine weitere Differenzierungsebene. Der Anfängerunterricht im Skiff verlangt ein strömungsloses und verkehrsarmes Gewässer. Die Einführung in das Rudern im Trimmi ist auf einem Gewässer mit leichter Strömung und mäßigem Schiffsverkehr möglich. Für schwierige Reviere mit stärkerer Strömung und dichtem Schiffsverkehr ist aus Sicherheitsgründen nur noch der Lehrweg in der Mannschaftsgig vertretbar.

Rudern ist eine gerätegebundene Sportart. In dieser Differenzierungsebene muß sich der Lehrgang nach dem vorhandenen Gerät richten. Das bedeutet auf der einen Seite, daß die materielle Ausstattung eines Bootshauses die Wahlmöglichkeit des Lehrwegs einschränkt und bestimmt; auf der anderen Seite kann der Lehrweg durch Anschaffung – gegebenenfalls durch Neuentwicklung besser geeigneten Rudergeräts – verändert werden.

Die wechselseitige Abhängigkeit und Beeinflussung von Lehrweg und Altersstruktur der Lerngruppe, Beschaffenheit des Rudergewässers, vorhandenem Bootsgerät und schließlich des angestrebten Unterrichtsziels – ob schwerpunktmäßig auf das Wanderrudern oder auf das Rennrudern hin orientiert wird – fordert eine differenzierte Darstellung des Anfängerunterrichts.

Nach der Teilnahme am Anfängerunterricht eröffnen sich dem Schüler zwei Anwendungsbereiche der erlernten Rudertechnik: einerseits im Fahrten- und Wanderrudern, andererseits im Rennrudern.

Unter *Fahrtenrudern* versteht man Ausfahrten in der näheren Umgebung des Bootshauses von einer oder mehreren Stunden am gleichen Tag. Vom *Wanderrudern* spricht man, wenn die Fahrt sich über mehrere Tage erstreckt. Hierbei wird häufig nicht vom Vereinsbootshaus aus abgefahren, sondern die Wanderboote werden zunächst über Land in ein geeignetes Wanderruderrevier transportiert.

Am Wanderrudern kann man von acht bis achtzig Jahren teilnehmen. Für jede Alters- und Leistungsgruppe ist das angemessene Fahrtempo ebenso frei wählbar wie der Umfang der Tagesetappen. Wanderrudern kann man als Familiensport betreiben. Es bietet eine gute Möglichkeit für einen aktiven Urlaub.

Das *Rennrudern* ist eine sehr trainingsintensive Sportart. Schon in den dreißiger Jahren war das tägliche Training während der Wassersaison üblich. In den fünfziger Jahren wurde das tägliche Training über das ganze Jahr ausgedehnt; am arbeitsfreien Sonnabend und Sonntag wurde auch schon zweimal am Tag trainiert. Heute ist für den internationalen Erfolg im Rudern die tägliche Doppelbelastung im ganzjährigen Trainingsprogramm notwendig.

Wer keine internationalen Spitzenleistungen anstrebt, kann auch im Rennrudern die Belastung in Intensität und Umfang seinen Möglichkeiten anpassen. Er startet dann auf internen Regatten und auf offenen Regatten der *Zweiten Wettkampfebene*. Die Leistungsklassen sind im Rudern so festgelegt, daß der Anfänger, der ja noch wenig Regattasiege hat, vor dem Trainingsmann mit vielen Regattasiegen geschützt ist.

Durch die Belastungsart im sportgerechten Ruderboot wird der *ganze* Körper trainiert. Vom kleinen Finger bis zum kleinen Zeh sind alle größeren Muskelgruppen an der Ruderbewegung beteiligt. Es wird aber nicht nur eine allseitige Muskelschulung betrieben, sondern zugleich eine intensive Organschulung. Besonders die langdauernden Belastungen mittlerer Intensität im Wanderrudern stellen für den nur gelegentlich übenden ‹Gesundheitssportler› einen günstigen Belastungsreiz für Herz und Kreislauf dar.

Ein Vorteil des Rudersports ist, daß Rennrudern und Wanderrudern normalerweise in demselben Verein betrieben werden. Dadurch ergibt sich für den Rennruderer die Möglichkeit, in derselben Gemeinschaft weiter aktiv Sport zu treiben, wenn er nach dem Überschreiten des besten Leistungsalters (25 bis 30 Jahre) aus dem Rennsport ausscheiden will. Es ist aber auch ohne organisatorische Schwierigkeiten jede Mischung aus Wanderrudern und Rennrudern möglich, wobei nicht die tägliche Vermischung, sondern die Schwerpunktsetzung für längere Zeitabschnitte im Jahr gemeint ist. Die freie Wahl des Schwerpunkts schließt die beiden Extreme ein: nur Wanderrudern oder nur Rennrudern, das zweite allerdings meist nur für einen begrenzten Lebensabschnitt.

Neben den traditionellen Ausübungsformen der Sportart, dem Rennrudern, das nur vereinsgebunden stattfindet, und dem Wanderrudern, das bisher ebenfalls nahezu ausschließlich in Rudervereinen betrieben wird, weist das Buch auf weitere Möglichkeiten der Ausübung hin, die durch die neuen Bootstypen Trimmi und Kunststoff-Gigzweier mit Steuermann als geeignete Freizeitboote geschaffen worden sind.

Entwicklung der Bootstypen

Rudern ist eine gerätegebundene Sportart. Insofern gibt es eine Wechselbeziehung zwischen der Entwicklung der Technik und der Entwicklung des Geräts. Eine Änderung des Geräts, etwa die Einführung des Rollsitzes, hat eine Veränderung des Bewegungsablaufs zur Folge. So korrespondiert der Einsatz des Beinstoßes mit dem Abbau des Körperschwungs. Diese Variation der Technik bewirkt wiederum eine weitere Veränderung des Geräts, nämlich die Verlängerung der Rollbahn.

Ändert sich das Ziel eines Lernprozesses, nämlich die jeweils als richtig bezeichnete *Technik*, dann muß sich auch der Lernprozeß selbst, der *Lehrweg*, ändern. Diese doppelte Wechselbeziehung soll in der historischen Entwicklung kurz dargestellt werden, um die modernen Überlegungen zur Methodik, die heute angestrebte Technik und das gegenwärtig benutzte Rudergerät besser zu verstehen.

Es gibt heute eine große Zahl von *Bootstypen* im Rudern, den Einer, Zweier, Vierer und Achter sowie den Doppelzweier und -vierer. In einer anderen Gliederungsebene unterscheidet man zwischen Rennbooten, breiten Gigs, Renngigs und Seegigs. Um diese Vielfalt zu überblicken, folgt ein kurzer Ausflug in die Geschichte des Rudersports.

Die Wiege des modernen Rudersports steht wie bei vielen anderen Sportarten in England. Im neunzehnten Jahrhundert finden sich die Anfänge an den Universitäten Oxford und Cambridge mit einem

Vorläufer an der berühmten Eton School. Die Gentlemen pflegten
das *rowing*, was man zur Verdeutlichung mit Riemenrudern über-
setzen muß. Sie bemühten sich weniger um das *sculling*, das Skullen,
was wiederum eine ältere Tradition bei den Berufsruderern, den
Fährleuten, besaß. Diese historische Wurzel, nach der das Skullen
nicht gentleman-like ist, wirkte sich lange Zeit so aus, daß das
Riemenrudern eine dominierende Stellung gegenüber dem Skullen
einnahm. Noch zu Beginn unseres Jahrhunderts sprach man vom
Rudern *und* Skullen, was schon durch den Titel des weitverbreite-
ten Lehrbuches von W. B. Woodgate «Rudern und Scullen» doku-
mentiert wird. Die Aktiven waren in der Mehrzahl (Riemen-)Ru-
derer, die die Technik des Skullens nicht beherrschten.
Wir unterscheiden also im Rudern die Bootstypen nach zwei verschiedenen Antriebsarten. Beim Riemenrudern bedient jeder Ruderer mit zwei Händen ein (größeres) Ruder, das man *Riemen*
nennt. In dieser Art fährt man im Zweier, Vierer und Achter. Beim
Skullen bedient jeder Ruderer mit jeder Hand ein (kleineres) Ruder, das man *Skull* nennt. Man fährt in dieser Art im Einer, Doppelzweier und Doppelvierer.
Heute verwendet man den Begriff ‹Rudern› als Oberbegriff für
Riemenrudern und Skullen. Wenn auch im Rennrudern durch die
größere Zahl der Riemenbootsgattungen auf den Regatten ein
Übergewicht des Riemenruderns festzustellen ist, so dominiert das
Skullen im Bereich des Wanderruderns und der Anfängerausbildung. Jeder richtig ausgebildete Ruderer beherrscht heute beide
Ruderarten, wodurch das Skullen insgesamt eine größere Verbrei-
tung haben dürfte.
Der ursprüngliche Bootstyp, mit dem im vorigen Jahrhundert gerudert wurde, war die *Dollengig*, ein relativ breites Ruderboot mit
festen Sitzbänken und ohne Ausleger. Die *Dollen* waren direkt auf
der obersten Planke montiert, wie heute bei einer ‹Mietsgondel›.
Solange der *Ausleger* nicht erfunden war, mußten die Boote in etwa
so breit sein, wie der Innenhebel des Riemens lang ist, also etwas
über einen Meter. Mit der Erfindung des Auslegers konnten die
Boote um das Stück schmaler gebaut werden, das der Länge des
Auslegers entsprach. Dieser neue Bootstyp mit Auslegern hieß
dann ‹Outrigger› – im Gegensatz zu dem Ausgangstyp, den man nun
‹Inrigger› nannte. Diese Bezeichnungen sind heute nicht mehr aktu-
ell, da fast alle Sportruderboote mit Auslegern gefahren werden.

Ausnahme ist die *Seegig*. Sie wird als Seegig-Zweier mit Steuermann und Seegig-Vierer mit Steuermann besonders auf windanfälligen Gewässern an der Küste heute noch gefahren. Sie hat gegenüber der breiten alten Dollengig allerdings *Rollsitze*, eine Neuerung, die in späterer Zeit in alle Sportruderboote kam.

Alle Boote hatten anfangs eine geklinkerte Bordwand, das heißt, die Planken waren dachziegelartig übereinander genietet. Die Bootsbaukunst lieferte einen Beitrag, die Ruderboote schneller zu machen, indem sie die Boote leichter baute. Ein wesentlicher Schritt war der Übergang von der *Klinkerbauweise* zur *Schalenbauweise*. Bei dieser neuen Herstellungsart werden zwei bis drei Millimeter starke Furniere in die Bootsform gebogen. Da die Planken in der alten Klinkerbauweise etwa sechs Millimeter stark waren, wurden die Boote erheblich leichter und damit schneller, aber auch empfindlicher gegen Stoß und unsachgemäße Behandlung.

Hiernach unterscheiden wir zwei neue Bootstypen: die leichten *Rennboote* und die schweren Übungsboote, *Gigs* genannt. Rennboote haben eine glatte Außenhaut. Der Bootskiel ist nach innen verlagert, damit die Außenhaut möglichst wenig Reibungswiderstand bietet. Das Dollbord umschließt nur den Mannschaftsraum, wodurch an Heck und Bug flachbordige Bootsteile entstehen, die mit einer leichten Bespannung abgedeckt sind und mit *Luftkästen* bezeichnet werden.

Gigs dagegen haben eine geklinkerte Außenhaut. Dieses Merkmal gilt nicht für die später eingeführten Gigs der Arten C und D. Sie haben einen sichtbaren Außenkiel. Das Dollbord läuft vom Vordersteven bis zum Achtersteven durch. Bug- und Heckraum sind meist offen, können aber mit festen oder abnehmbaren Verdecks versehen werden, wie es für Wanderboote auf stürmischen Gewässern zweckmäßig ist. Die *Abbildung* auf Seite 16 zeigt die unterschiedlichen Merkmale der Gig und des Rennboots.

Für Rennboote gibt es bis heute keinerlei Bauvorschriften. Die Chancengleichheit im Rennen soll dadurch gewährleistet sein, daß man überall mit einem gleich hohen Stand der Bootsbaukunst rechnet und außerdem jeder jede Verbesserung des Gegners übernehmen kann. Als man auch für Gigs Rennen ausschrieb, besonders in den Anfängerklassen, wurde es notwendig, die Boote zu normieren.

Rennboot Vierer m. Stm.

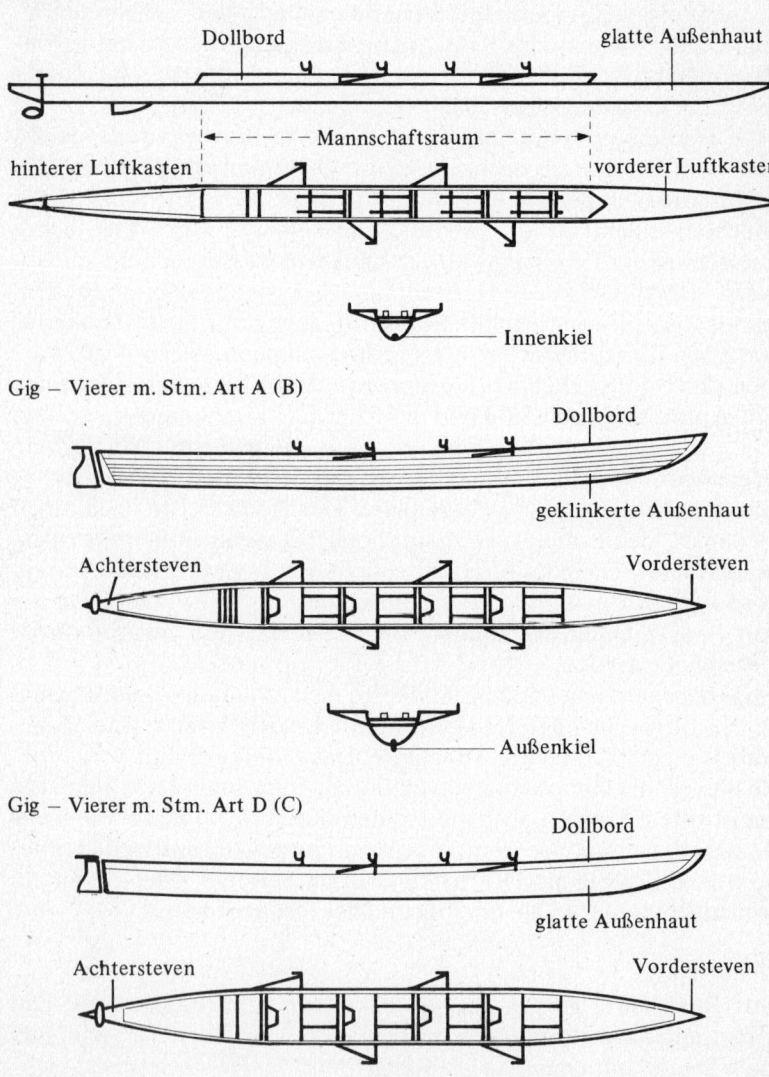

Gig – Vierer m. Stm. Art A (B)

Gig – Vierer m. Stm. Art D (C)

So wurden Höchstlängen, Mindestbreiten, Mindesttiefe und Mindestgewicht für die verschiedenen Bootsgattungen Einer, Zweier, Vierer und Achter auf nationaler Ebene festgelegt.

Für den Ruderanfänger, der zunächst in der breiten Gig geübt hatte, war der Übergang in das schmale Rennboot balancemäßig ein zu großer Schritt. Man baute deshalb eine schmalere Gig, um den Übergang in zwei Schritten durchführen zu können. Der ursprüngliche Typ erhielt die Kennzeichnung «Art A» (beim Vierer, der am weitesten verbreiteten Bootsgattung, beträgt die Mindestbreite 1,00 m); der neue, schmalere Typ erhielt die Kennzeichnung «Art B» (für den Vierer 0,78 m Mindestbreite, am Hauptspant, der breitesten Stelle des Bootes, gemessen). Dieses waren die beiden Bauarten bei den Gigs bis zum Zweiten Weltkrieg. – Es gab noch einen weiteren Bootstyp, der in den Anforderungen an das Balanciervermögen des Ruderers zwischen der Gig Art B und dem Rennboot lag, die Renngig. Diese ist geklinkert wie die Gig und hat einen Außenkiel; aber das Dollbord umläuft nur den Mannschaftsraum wie beim Rennboot.

Nach dem Zweiten Weltkrieg wurde Sperrholz im Ruderbootsbau eingesetzt. Im Rennbootsbau führte das zu unempfindlicheren Booten, im Bau der Gigs zu neuen Klassen; denn die Gig aus Sperrholz hatte nun keine geklinkerte Bordwand mehr, bisher ein Charakteristikum der Gig. Zuerst wurde die damalige Gig Art B in Sperrholz gebaut. Dabei wurden alle Normmaße eingehalten bis auf das Gewicht, welches erheblich kleiner gehalten werden konnte. Der neue Typ erhielt die Bezeichnung Gig Art C. Der später gebaute Typ D entspricht in den Abmessungen der breiteren Gig Art A (bis auf das Gewicht).

Von der neu geschaffenen Gig Art C wurde die Funktion der Renngig als Zwischenstufe beim Übergang von der Gig Art B zum Rennboot zumindest für die Bootsgattungen Zweier, Vierer und Achter übernommen. Die Renngig wird daher nicht mehr gebaut. Der Renngigeiner ohne Steuermann, das altbewährte Klinkerskiff, wurde in der Funktion durch den Kunststoffeiner abgelöst.

Durch die Einführung des Kunststoffs im Sportbootsbau wurden zunächst unempfindliche Trainingsboote geschaffen, die in der Ausführung den Rennbooten entsprechen. Es handelt sich insbesondere um die Kunststoffskiffs und Kunststoffzweier ohne Steuermann; danach kamen die Jugendskiffs und Jugendzweier. Dies sind unempfindliche, stabile Rennboote, die lediglich etwas schwerer als Holzboote sind.

Im Rennbootsbau folgt die Phase der Leichtbauweise in Kunststoff. Hier verwendet man recht teure Spezialstoffe, um Kunststoffboote zu produzieren, die noch leichter als traditionelle Holzboote sind. Hierzu gibt es erfolgreiche Versuche in allen Bootsgattungen.

Billigere und schwerere Kunststoffe verwendete man auch bei der Herstellung von Gigs, um unempfindliche Boote für das Freizeit- und Wanderrudern zu erhalten. Hierfür sind der *Trimmi* und die gedeckten Wanderzweier und -vierer gute Beispiele.

Die Normung der Gigs der Arten A, B, C, D in der Holzbauweise war durch die Verwendung des Baustoffs Kunststoff sowieso in Unordnung geraten. Da die Normung nur für Rennen benötigt wird, wo aber nicht der Hauptanwendungsbereich der Gig liegt, erschien die hohe Zahl von verschiedenen Arten an Gigs mehr historisch als sachlich bedingt. So entschied sich der Deutsche Ruder-Verband (DRV), nur noch Normwerte für eine einzige Art von Gigs festzusetzen. Diese wurden von der Gig Art C übernommen.

Für die Gigs gelten folgende Abmessungen (bei der Länge als Höchstmaß, bei den übrigen Angaben als Mindestmaß):

	Länge über alles	größte Breite	Breite in der Wasserlinie	Tiefe	Gewicht
Gig-Zweier m. Stm.	8,50 m	0,78 m	0,65 m	0,32 m	60 kg
Gig-Vierer m. Stm.	11,00 m	0,78 m	0,65 m	0,33 m	80 kg
Gig-Achter m. Stm.	17,50 m	0,85 m	0,70 m	0,32 m	150 kg

Somit ergeben sich als Bootsklassen, in denen heute Rennen im Bereich des DRV ausgeschrieben werden:

I. Rennboote
   1. Skullboote: Einer, Doppelzweier, Doppelvierer ohne Steuer-
      mann, Doppelvierer mit Steuermann.
   2. Riemenboote: Zweier ohne Steuermann, Zweier mit Steuer-
      mann, Vierer ohne Steuermann, Vierer mit Steuermann,
      Achter mit Steuermann.

II. Gigs

1. Skullboote: Gig-Doppelzweier mit Steuermann, Gig-Doppelvierer mit Steuermann, Gig-Doppelachter mit Steuermann.

2. Riemenboote: Gig-Zweier mit Steuermann, Gig-Vierer mit Steuermann, Gig-Achter mit Steuermann.

Dabei sind die Rennen in Gigs gewöhnlich dem internen Leistungsvergleich, den kleineren Regatten und der Anfängerklasse in offenen Wettbewerben vorbehalten. Leider werden auch Schülerrennen häufig immer noch in der Gig ausgetragen. Dies entspricht nicht einer entwicklungsgerechten Belastung, weil das in diesem Alter noch trainierbare Balancegefühl und die Geschicklichkeit in dieser Bootsart nicht ausreichend gefördert werden. Die Verwendung der Gig auch zum Rennen beruht lediglich auf der Tatsache, daß Schülergruppen die teureren Rennboote meist nicht in ausreichendem Maße besitzen. Allerdings ist auch hier durch die Verwendung der Kunststoffboote ein Wandel zu erkennen.

Mit der Entwicklung der Sportart Rudern hat sich auch eine Fachsprache entwickelt. Soweit sie das Rudergerät betrifft, sollen die folgenden *Abbildungen* einen Überblick über die Bezeichnung der wichtigsten Teile des verwendeten Rudergeräts geben.

Bezeichnung der Teile am Skull

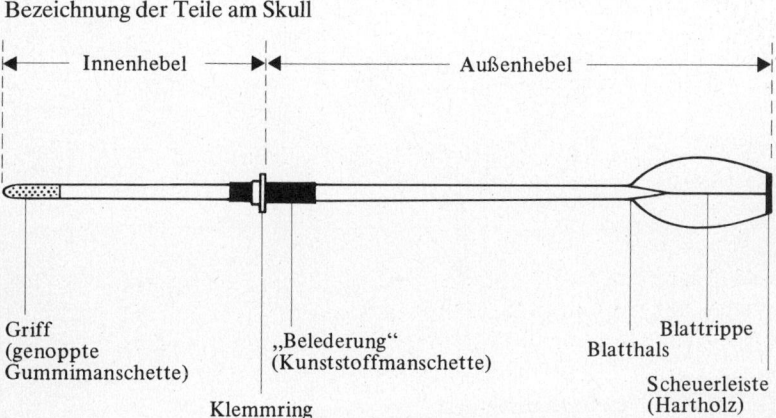

Griff
(genoppte
Gummimanschette)
Klemmring
„Belederung"
(Kunststoffmanschette)
Blatthals
Blattrippe
Scheuerleiste
(Hartholz)

Innenhebel — Außenhebel

Längsschnitt

Ruderplatz

Steuermann   Nr. 4   Nr. 3   Nr. 2   Nr. 1

Heck   Bug

Schwebe-   Flosse   Steuersitz   Stemmbrett   Rollbahn   Wellenbrecher   Bugball
steuer

Aufsicht

Backbord

Steuerbord

Steuerleine   Einsteigbrett   Ausleger

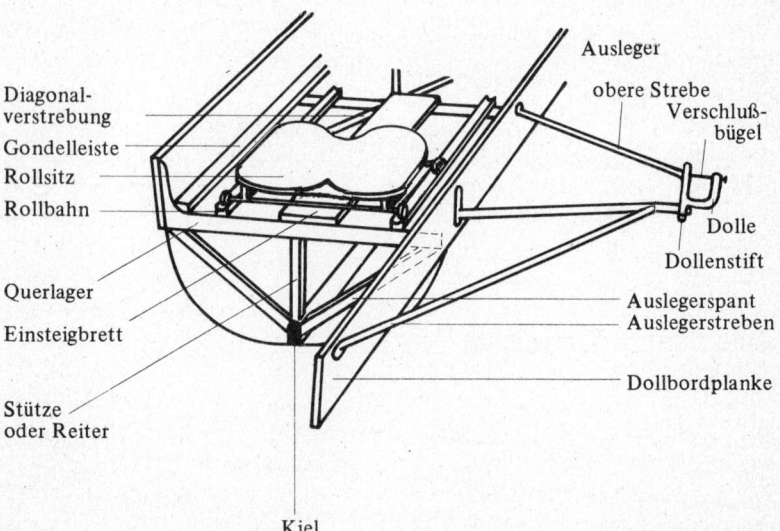

Diagonal-
verstrebung
Gondelleiste
Rollsitz
Rollbahn

Querlager

Einsteigbrett

Stütze
oder Reiter

Ausleger
obere Strebe
Verschluß-
bügel

Dolle
Dollenstift

Auslegerspant
Auslegerstreben

Dollbordplanke

Kiel

Die Bezeichnung der Bootsteile

Entwicklung der Rudertechnik

Für die Entwicklung der Rudertechnik war die Erfindung des *Rollsitzes* die wichtigste Veränderung am Rudergerät. Solange die Ruderer auf festen Bänken im Boot saßen, lieferten nur der Körperschwung und das Armbeugen den Vortrieb. Um eine möglichst lange Wasserarbeit im einzelnen Durchzug zu erreichen, war es sinnvoll, den *Teilkreisschwung* des Oberkörpers möglichst groß zu machen. Darum beugte der Ruderer in der Auslage den Oberkörper weit vor und schwang weit über die Senkrechte in die Rücklage. Bei diesem weiten Körperschwung saß der Ruderer kerzengerade im Boot, damit der schwingende Hebel vom Drehpunkt im Hüftgelenk bis zum Endpunkt im Schultergelenk möglichst lang wurde. Die Zugkraft, die an der Schulter entstand, wurde mit total gestreckten Armen auf den Riemen übertragen. Die Beine lieferten lediglich ein Widerlager für einen wirkungsvollen Körperschwung. Diese für den festen Sitz entwickelte Technik kann man heute noch beim Kutterpullen in der Seemannsausbildung beobachten oder in einer ‹Mietsgondel› selbst in ähnlicher Form probieren.

Mit der Erfindung des Rollsitzes konnten die Beinstrecker aktiv für den Vortrieb des Bootes ausgenutzt werden. Sportliches Rudern wurde hierdurch erst zu einer *Ganzkörperbewegung* und unterscheidet sich gerade hierdurch vom ‹Kahnfahren› mit festen Sitzbänken. Durch den Einsatz des Rollsitzes wurde die Wasserarbeit im einzelnen Schlag verlängert. Man konnte jetzt den maximalen Körperschwung vor allem in der übertriebenen Rücklage abbauen und den Verlust an Schlaglänge durch etwas mehr Rollarbeit ausgleichen.

Die Erkenntnis, den Rollsitz entsprechend zu nutzen und die Technik zu variieren, hinkte aber der Erfindung des Rollsitzes erheblich hinterher. Obwohl dieser schon im vorigen Jahrhundert entwickelt wurde, fuhr man noch bis in die dreißiger Jahre die sogenannte *orthodoxe Technik*, ein vom festen Sitz auf den Rollsitz übertragener Bewegungsablauf mit weiter Vorlage, Anschwung mit kerzengeradem Rücken, kurzem Beinstoß und weitem Rückschwung.

Konservierend für diese Technik wirkte die Tatsache, daß die Anfängerausbildung in eigens hierfür gebauten Booten mit festen Sitzen stattfand und so jeder Ruderer erst den für die frühere Dollengig mit festen Sitzen zweckmäßigen maximalen Körperschwung erlernte. Verstärkt wurde das Festhalten an dieser Technik durch das weitverbreitete Lehrbuch von W. B. Woodgate «Rudern und Scullen», in dem eine sehr verständliche Anleitung für den Anfängerunterricht gegeben wurde. Danach konnte jeder ausbilden, ohne darüber nachzudenken, daß zur Zeit der Entstehung dieses Buches (erste Auflage in englischer Sprache 1876) der Rollsitz noch nicht verbreitet war. Tradierend wirkte ferner der ‹Zeitgeist›, der die soldatisch aufrechte Haltung und die exakt in allen Phasen vorgeschriebene Bewegung vom ästhetischen Standpunkt positiv wertete. So erstarrte die Rudertechnik in einem Haltungsdrill, bei der die Körperhaltung im Schulungsprozeß Vorrang gegenüber der Wasserarbeit erhielt.

Diese Stagnation in der Entwicklung der Rudertechnik, bei der die Möglichkeiten der inzwischen erfolgten Weiterentwicklung des Geräts nicht ausgenutzt wurden, erkannte als erster der in England als Ruderlehrer tätige Australier Steve Fairbairn. Er lehrte seine Mannschaften, den Rollsitz richtig einzusetzen. Er forderte die Kopplung der Kräfte im Antrieb, das heißt den gleichzeitigen Einsatz von Beinstoß und Körperschwung. Er vertrat auch das gleichzeitige Armbeugen. Damit verschwand der gerade Rücken als Zielvorstellung für den Ruderunterricht. Fairbairn stellte die Schulung der Wasserarbeit eindeutig vor den Drill der Körperhaltung: «So, coach and oarsman, no rowing for show, stick to natural action to move the boat.» (So, Trainer und Ruderer, kein Schaurudern, bleibt bei der natürlichen Bewegung, das Boot vorwärts zu bringen, in: Fairbairn 1951, S. 347).

FAIRBAIRN überzeugte die Ruderwelt von der Wirksamkeit seiner Technik mit den Erfolgen seiner Mannschaften auf den Regattabahnen. Auch die deutsche Ruderei mußte von dieser Reform der Rudertechnik Kenntnis nehmen, als der von FAIRBAIRN trainierte Pembroke-Vierer 1933 auf deutschen Regattabahnen überlegen gewann. Es entbrannte danach ein jahrelanger Streit in den deutschen Ruderlanden über die richtige Rudertechnik zwischen den Verfechtern der orthodoxen Auffassung und den Vertretern der Fairbairn-Technik.

Der Ruderlehrer JOSEPH FREMERSDORF faßte 1935 die Diskussion treffend zusammen (vgl. Zs. *Wassersport* 1935, S. 389–392):

1. Die einheitliche Wasserarbeit ist das Ziel. Sie muß nicht notwendig über eine einheitliche Körperarbeit erreicht werden. Damit entfällt der Zwang zu einem Drill der Körperhaltung in einheitlich festgelegten Formen.

2. Nicht der Teilkreisschwung des Oberkörpers, sondern der Schub der Beine ist das Kernstück im Antrieb, wenn man durch den Beinstoß die Erfindung des Rollsitzes richtig ausnutzt.

3. Die Phasen des Ruderschlags: Anschwung–Beinstoß–Rückschwung–Armzug sollen nicht isoliert geschult werden, und die beteiligten Antriebskräfte Rumpfmuskulatur, Beinstrecker, Armbeuger sollen nicht einzeln nacheinander wirken, sondern gleichzeitig oder überlappend wirksam werden. Das richtige Erlernen der Kopplung schließt eine gesonderte Schulung des Körperschwungs auf dem festen Sitz aus.

Die Forderungen FAIRBAIRNS, die von einer wirksamen Wasserarbeit abgeleitet sind, bestimmen im wesentlichen noch heute die Rudertechnik. Mit dem Einsatz längerer Rollschienen (früher 60 bis 65 cm, heute 80 cm und mehr) konnte der Körperschwung weiter abgebaut werden, so daß bei vielen erfolgreichen Ruderern heute der Rückschwung über die Senkrechte ganz verschwunden ist. Das scharfe Wasserfassen und schnelle Druckaufnehmen ist geblieben. «Catch the water!» (Pack das Wasser!) hatte FAIRBAIRN gelehrt. Die Forderung nach dem gleichzeitigen Einsatz aller Antriebskräfte wird heute so verstanden, daß sie nur für gleich starke Muskelgruppen gelten kann, also für die Beinstrecker und die Rumpfmuskulatur, nicht aber für die Armbeuger; denn eine Kette ist nur so stark wie ihr schwächstes Glied.

Während FAIRBAIRN noch mit gebeugten Armen im Anriß fahren

ließ, lehrt man heute, daß die Arme im Anriß die Kraft der Beine
gestreckt auf den Riemen übertragen und erst mit dem scharfen
Herannehmen der Hände im Endzug aktiv einen Beitrag für die
Beschleunigung liefern.

Entsprechend dem modernen Entwicklungsstand des Geräts und
dem heutigen Erkenntnisstand in der Bewegungslehre sowie der
Biomechanik des Ruderns ergibt sich folgendes Bild für eine optimale Rudertechnik.

Zunächst wird die Technik des *Skullens* beschrieben, weil diese
auch bei der Einführung in das Rudern die erste zu erlernende
Technik sein soll. Der Ruderschlag wird unterteilt in den Durchzug,
die Belastungsphase des Ruderzyklus, und das In-die-Auslage-
Gehen, die Erholungsphase, in der der Ruderer sich wieder in die
Ausgangsposition für den neuen Durchzug begibt. Das Verhältnis
der Durchzugszeit zu der Zeit für das In-die-Auslage-Gehen ist
1 : 1,5 bei hohen Rennfrequenzen (34 bis 40 Schläge pro Minute)
und 1 : 1,9 im ruhigen Wanderschlag (um 23 Schläge pro Minute).

Bewegungsbeschreibung Skullen

(vgl. Bildreihen Seite 26–31)

Der Ruderer befindet sich in der *Auslage*. Er sitzt also mit leichter
Oberkörpervorlage auf dem Rollsitz, der zum heckseitigen Ende
der Rollbahn gefahren ist, und zwar mit maximal gebeugten Beinen
und gestreckten Armen, die die Skulls halten. Die Innenhebel werden leicht angehoben, wodurch die Blätter ins Wasser eintauchen.
Jetzt muß blitzschnell Druck aufgenommen werden.

Dazu wird die *Kraftkette*, die von den Fuß- und Beinstreckern über
die Rücken- und Schultermuskulatur und die Armbeuger zu der
Unterarm- und Handmuskulatur für den festen Griff am Skull
verläuft, gleichzeitig unter maximale Spannung gesetzt. Es arbeiten
zunächst die starken Muskelgruppen der Beine (Strecken der
Beine) und des Rückens (Aufrichten des Oberkörpers); sie erzeugen einen maximalen Schub. Die Kraft wird dabei durch die gestreckten Arme auf die Skulls übertragen. Erst nachdem die Skulls
die Mittelzugstellung – die Skulls stehen senkrecht zur Bordwand –
passiert haben, setzt der Armzug ein. Der leicht nach hinten geneig-
te Oberkörper dient für das scharfe Herannehmen der Hände als

Widerlager. Durch diesen aktiven Endzug wird dem Blatt vor dem Ausheben eine maximale Geschwindigkeit verliehen und damit dem Boot eine optimale Beschleunigung gegeben.

Die *Hände* werden in Höhe der kurzen Rippen an den Körper gezogen und kurz vor Berührung nach unten gedrückt, wodurch das Blatt aus dem Wasser kommt. Fast gleichzeitig werden die Handgelenke gesenkt, und mit dieser Drehbewegung wird das Blatt flach gestellt. Es folgt das blitzschnelle Hände-weg-vor-die-Knie. Danach beginnt mit dem In-die-Auslage-Gehen die erholsame Phase als ruhige Rollbewegung bis zur vollen Auslage. Der Zyklus beginnt von neuem.

Dieser Körperbewegung entspricht folgender Weg des *Blatts*: In der äußersten Auslage wird das Blatt ganz eingetaucht. Das Blatt ist im Durchzug dann in der richtigen Tauchtiefe, wenn die obere Blattkante sich knapp unter der Wasseroberfläche befindet. Für den Betrachter vom Heck aus darf kein Blatteil sichtbar sein – ist Holz sichtbar, dann ist die Blattführung zu flach. Dagegen soll ein kleiner Wasserberg, der sich durch den scharfen Schub vor dem Blatt bildet und die obere Blattkante überspült, erkennbar sein.

Für den Betrachter vom Bug aus muß die oberste Blattkante durch das überspülende Wasser gerade noch durchscheinen. Ist durchscheinend kein Holz mehr erkennbar, dann ist die Blattführung zu tief. Diese richtige Blattlage im Durchzug nennt man auch ‹volle Blattdeckung›.

Die *volle Blattdeckung* soll sofort beim Einsetzen erreicht und möglichst bis zum vollen Endzug beibehalten werden. Durch einen scharfen Endzug (scharfes Herannehmen der Hände) entsteht ein sogenanntes Sogloch hinter dem Blatt. Beim Ausheben wird das Blatt so blitzschnell senkrecht ausgehoben, daß es bereits aus dem Wasser heraus ist, bevor nach dem Schließen des Soglochs der Wasserdruck am Blattrücken den Bootslauf bremsen könnte. Dann wird sofort (fast gleichzeitig) flach gedreht.

Das Blatt wird beim *In-die-Auslage-Gehen* so flach über dem Wasser geführt, daß eventuell vorhandene Wellenkämme gerade nicht mehr berührt werden. Die Blätter werden so lange wie möglich flach gehalten, um den unnötig verstärkten Luftwiderstand, der bei senkrecht gestelltem Blatt auftritt, so spät wie möglich zu erhalten. In der äußersten Auslage wird das Blatt senkrecht gestellt und sofort eingetaucht. Der Zyklus beginnt von neuem.

Auslage: Beine maximal gebeugt, Oberkörper in leichter Vorlage, Arme gestreckt. Blatt steht senkrecht.

Anriß: sofort ‹Druck aufnehmen› am Blatt; Beinstrecker und Rückenmuskulatur erzeugen den Schub.

Mittelzug: durch Aufrichten des Oberkörpers und gleichzeitiges Strecken der

Beine soll in diesem günstigen Arbeitswinkel der größte Schub erzeugt werden.

Erst in der letzten Phase des Mittelzugs beginnt der Armzug.

Endzug: der Armzug liefert die letzte Beschleunigungsarbeit.

Ausheben: durch scharfes Herannehmen der Hände entsteht das ‹Loch›
hinter dem Blatt,

das mit dem Herunterdrücken der Innenhebel das spritzerlose Ausheben
ermöglicht.

Dem senkrechten Ausheben folgt ein
blitzschnelles Flachdrehen des Blatts.

Das schnelle Hände-weg-vor-die-
Knie leitet zum In-die-Auslage-Gehen
über.

Beim In-die-Auslage-Gehen sind die Blätter frei vom Wasser. Das ruhige Rollen stellt die entspannte Phase des Schlags dar.

In der vollen Auslage ist der Ruderer bereit zum harten Wasserfassen. Der Zyklus beginnt von neuem.

Varianten der Ausführung

In der Bildreihe zeigt Weltmeister Peter-Michael Kolbe im Endzug eine fast senkrechte Oberkörperhaltung. Er kann es sich bei seiner Körpergröße erlauben, nahezu auf die Rücklage zu verzichten, ohne daß die Wasserarbeit zu kurz wird. Er vermeidet hierdurch ein stärkeres Ducken des Bootes beim Wiederaufrichten des Oberkörpers aus der Rücklage.

Ruderer mit geringerer Körpergröße werden, um im Mannschaftsboot mit den Partnern synchron arbeiten zu können, häufig durch mehr Rücklage versuchen, eine größere Schlaglänge herauszuholen. Im Gig-Doppelvierer mit Steuermann auf der Wanderfahrt spielt dann auch das verstärkte Duckmoment überhaupt keine Rolle.

In die Auslage geht Kolbe als großer schlanker Typ mit fast geschlossenen Knien. Ein kleinerer Ruderer wird hier – wenn er im Mannschaftsboot mit größeren Partnern synchron arbeiten will – durch leichtes Öffnen der Knie mehr Körpervorlage einnehmen. Dies wird zum Beispiel notwendig, wenn ein älterer Ruderer, vom Typ Pykniker und mit ‹Wohlstandsbauch› ausgestattet, auf Wanderfahrt mit den größeren Kameraden im Boot in der Schlaglänge mithalten will.

Der fast senkrecht gehaltene Oberkörper von Kolbe in der Auslage wird durch die Rennschuh-Stemmbrettkonstruktion begünstigt, die ein dichtes Heranrollen des Sitzes an die Fersen erlaubt. In Wanderbooten mit kürzeren Rollbahnen und normaler Stemmbrettkonstruktion wird man daher in der Auslage meist mehr Körpervorlage sehen.

Mehrere Varianten sind für die Handführung in der Mittelzugstellung der Skulls möglich. Kolbe fährt ‹rechts vor links›, das heißt, im Durchzug läuft die rechte Hand vor der linken. Die rechte Hand ist also dem Körper näher. Man soll dieses Vorlaufen einer Hand durch ein etwas früher einsetzendes Armbeugen erreichen, möglichst nicht durch eine Verdrehung der Schulterachse. Kolbe läßt dann beim In-die-Auslage-Gehen die rechte Hand ebenfalls näher am Körper.

Andere Ruderer zeigen für die Phase des In-die-Auslage-Gehens eine Variante, wobei auch in dieser Phase die rechte Hand in Bewegungsrichtung vorläuft, jetzt also körperferner als die linke ist. In beiden Ausführungen sind schnelle Rennen gefahren worden.

Die Abhängigkeit von dem Zufall, zu welcher Handführung der Ruderer im Anfängerunterricht angeleitet wurde, ist offensichtlich größer als die vermuteten Zusammenhänge mit der Links- oder Rechtshändigkeit. Im Einer scheint es keine objektiven Vor- oder Nachteile für die Ausführung ‹rechts vor links› oder ‹links vor rechts› zu geben. Ebenso gibt es in der breiten Mannschaftsgig keine Nachteile, wenn die Mitglieder der Mannschaft verschiedene Varianten praktizieren. Im Mannschaftsrennboot (Doppelzweier und Doppelvierer) ist es allerdings notwendig, daß alle Mitglieder mit der gleichen Hand vorziehen, damit keine zusätzlichen Koordinations- und Balanceschwierigkeiten entstehen.

Da nun die Doppelzweier- und Doppelvierermannschaften meist aus schnellen Einerfahrern zusammengesetzt werden, gibt es für die Mannschaftsbildung bei Skullbooten zwei Wege: Bei der ersten Lösung werden alle Einerfahrer so ausgebildet, daß sie sowohl ‹rechts vor links› wie auch ‹links vor rechts› fahren können. Das ist möglich, wenn man diese ‹Vielseitigkeit› früh genug übt. Wird diese Fähigkeit durch Training erhalten, dann kann sich im Mannschaftsboot jeder an die abgesprochene Variante anpassen.

Bei der zweiten Lösung einigt man sich für alle Ausbildungsstätten auf eine der beiden Varianten. Als positives Beispiel sind die Ruderer der DDR zu nennen. Hier wird im Standardlehrbuch (Autorenkollektiv/HERBERGER 1977, S. 81) verfügt, daß im Gebiet des Deutschen Ruder-Sport-Verbands links vor rechts gezogen und gelehrt wird.

Bewegungsbeschreibung Riemenrudern

(vgl. Bildreihen Seite 36–41)

Da der Ruderer im Riemenboot mit beiden Händen einen Riemen
hält, ist die Griffhaltung am Innenhebel anders als im Skullboot;
aber ein maximaler Schub wird auch hier durch richtige Kopplung
von Bein-, Rumpf- und Armarbeit erreicht, und die Umsetzung der
Schubkraft in Bootsgeschwindigkeit erfordert die gleiche Blattar-
beit. So ist die Beschreibung der Skullarbeit in nur wenigen Punkten
zu ergänzen.

Der Riemen wird am Innenhebel mit beiden Händen von oben etwa
in Schulterbreite gefaßt. Die ‹Innenhand›, die dollenwärts den Innenhebel gefaßt hat, besorgt die Dreharbeit. Im Durchzug wird die
Kraft mit beiden Händen auf den Innenhebel übertragen. In der
Auslage ist das dollenferne Knie außerhalb der Arme; das dollen-
seitige Knie liegt zwischen den Armen vor der Brust. Die Außen-
schulter greift halbkreisförmig weiter vor; der Oberkörper soll
möglichst über der Kiellinie bleiben.

Es folgt das harte Wasserfassen und blitzartige Druckaufnehmen
mit der Kopplung der Kräfte wie beim Skullen: Schub der Beine mit
gleichzeitigem Aufrichten des Oberkörpers und einem scharfen
Armzug in der zweiten Schlaghälfte. Danach kommt das schnelle
Ausheben, bevor sich das Sogloch schließt und das Blatt Bremsdruck am Blattrücken erhält. Dann erfolgt das fast gleichzeitige
Flachdrehen durch Absenken des Handgelenks der Innenhand, das
sehr schnelle Hände-weg-vor-die-Knie, das ruhige Vorrollen mit
flachliegendem Blatt, wobei die Außenhand sehr locker im Ristgriff
auf dem Riemen liegt.

Im Endzug und beim In-die-Auslage-Gehen muß sich der Ruderer
besonders bemühen, mit dem Oberkörper in der Kiellinie zu bleiben. Ganz am Ende des In-die-Auslage-Gehens wird das Blatt mit
der Innenhand senkrecht gestellt, und mit dem harten Wasserfassen
packen beide Hände fest zu, um die Schubkraft der Beine auf den
Riemen zu übertragen.

Der Weg des Blatts entspricht genau der Arbeit beim Skullen: volle
Blattdeckung von der äußersten Auslage bis zum Endzug, schnell
und möglichst spritzerlos das Blatt aus dem Wasser rudern, so flach
abscheren, daß gerade keine Wellenberührung erfolgt, das Blatt
so lange wie möglich flach halten, nach dem Senkrechtstellen in der

äußersten Auslage blitzschnell Wasser fassen und Druck aufnehmen. Früher lehrte man einen Unterschied zwischen den beiden Ruderarten in folgender Weise: Beim Riemenrudern ist der Anriß härter, beim Skullen muß der Endzug mehr betont werden. Hieraus wird dann häufig der umgekehrte Schluß gezogen: Beim Riemenrudern kann man auf einen scharfen Endzug verzichten, beim Skullen auf das scharfe Druckaufnehmen. Kein Ruderer, der bei scharfen Rennen gewinnen will, kann es sich heute erlauben, im Riemenrudern auf den optimalen Endzug oder beim Skullen auf ein Wasserfassen zu verzichten, das so scharf wie nur möglich ist. Die Forderung heißt für beide Ruderarten: Im Durchzug so lange wie möglich bei voller Blattdeckung so viel wie möglich Druck erzeugen. Das erst ergibt einen maximalen Vortrieb.

Allerdings ist das schnelle und harte Druckaufnehmen im Skullboot schwieriger als im Riemenboot. Weil die Blickkontrolle zum Blatt und die optische Rückmeldung über die Blattstellung vor dem Wasserfassen im Skullboot nicht möglich ist, benötigt der Skuller eine minimale Zeit, um die Blattlage beim Druckaufnehmen erst zu erfühlen, bevor der volle Beinstoß wirken kann. Dieses gefühlvolle Druckaufnehmen leistet der Skuller mit den Armen. Er erzeugt also eine leichte Beugung der Arme beim Wasserfassen.

Diese Beugung wird wieder ‹herausgetreten›, wenn der Beinstoß voll einsetzt. Hierbei wird der Meisterskuller eine kleinere Strecke und kürzere Zeit zum Erfühlen der Blattstellung benötigen als der Ruderanfänger. Das etwas weichere Wasserfassen beim Skullen ist also eine angepaßte Lösung und nicht eine andere Zielvorstellung der Art, daß die Ausführung um so besser ist, je weicher sie ausfällt.

Auf der anderen Seite ist ein schnelles Wasserfassen im schnelleren (Riemen-)Achter wichtiger als im langsameren (Skull-)Einer, da der Ruderer sonst wegen der hohen Geschwindigkeit des fahrenden Systems gegenüber dem ruhenden Wasser beim Wasserfassen keinen oder nicht genügend Druck vor dem Blatt erzeugen kann. Das sieht dann für den Außenbeobachter wie ein härteres Wasserfassen aus.

Auslage: dollenseitiges Knie maximal gebeugt vor der Brust, dollenfernes Knie außerhalb der Arme. Oberkörper in leichter Vorlage, Arme gestreckt, Blatt steht senkrecht.

Anriß: Oberkörper aufrichten, Beine strecken, hart das Wasser in der äußersten Auslage packen.

Mittelzug: durch Aufrichten des Oberkörpers und gleichzeitiges Strecken der Beine soll in diesem günstigen Arbeitswinkel der größte Schub erzeugt werden.

Der Oberkörper wird aufgerichtet, die Beine werden gestreckt.

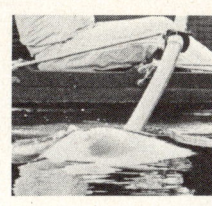

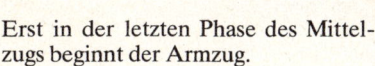

Erst in der letzten Phase des Mittelzugs beginnt der Armzug.

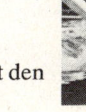

Endzug: der Armzug ergänzt jetzt den abnehmenden Beinschub.

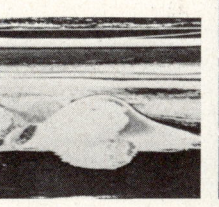
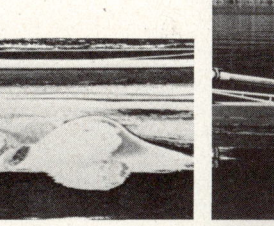

Ausheben: das scharfe Heranziehen des Innenhebels bewirkt das ‹Loch› hinter dem Blatt.

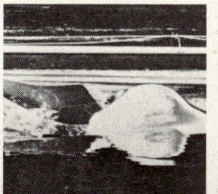

Das schnelle Herunterdrücken des Innenhebels ermöglicht ein spritzerloses Ausheben des Blatts.

Das Flachdrehen des Blatts wird von der dollenseitigen Hand geleistet und erfolgt unmittelbar nach dem Ausheben.

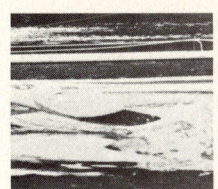

Das Hände-weg-vor-die-Knie soll ohne Pause anschließen und leitet zum In-die-Auslage-Gehen über.

Beim In-die-Auslage-Gehen wird das Blatt frei vom Wasser geführt. Das ruhige Rollen stellt die entspannte Phase des Schlags dar.

In der vollen Auslage ist der Ruderer bereit zum harten Wasserfassen. Der Zyklus beginnt von neuem.

Anfängerunterricht im Skiff

Entwicklung
der Rudermethodik

Die orthodoxe Lehrweise

Die orthodoxe Methodik wiederholt in der Ausbildung des einzelnen Ruderers geradezu die geschilderte Entwicklung der Ruderei. Der Anfänger beginnt seine Ruderversuche auf dem festen Sitz. Er soll eintausend Kilometer auf dem festen Sitz rudern, bevor er auf den Rollsitz darf – so lautet die Forderung in vielen Lehranleitungen. Es wird zuerst der Körperschwung auf dem festen Sitz geschult und automatisiert, den man nicht nur in der geschichtlichen Betrachtung, sondern auch in der Sachanalyse für die Grundlage aller Ruderkunst hält.

Bezeichnend ist, daß die Teile des Ruderschlags wie Körperschwung und Armzug in *Teilschulung* einzeln gelernt werden sollen. Dazu wurden Hilfsgeräte für den Anfängerunterricht entwickelt. Der *Schwingbock* ist eine Bank, auf der der Anfänger in der Halle oder auf dem Rasen sitzt und den Körperschwung übt. Später lernt er den Armzug, anschließend übt er beides zusammen. Eine Fortbewegung als sichtbares Ergebnis erfolgt natürlich nicht.

Der *Ruderbock* hat schon einen Rollsitz, steht aber ebenfalls an Land. Der Ruderer bewegt einen Innenhebel, der durch eine entsprechende Vorrichtung an Stelle der Dolle gebremst wird. Der Anfänger imitiert auf diesem Gerät die Ruderbewegung; der Erfolg seiner Bemühungen wird aber nicht an der Wirkung des Ruderschlags sichtbar. Das Richtig oder Falsch seiner Arbeit erfährt er nur durch die Beurteilung eines Ruderlehrers. Der kann aber nur die äußere Form der Bewegung beobachten und mit Idealformen der Körperhaltung in den einzelnen Phasen des Ruderschlags vergleichen, da die Auswirkung der Körperarbeit auf die Wasserarbeit auf dem Ruderbock nicht sichtbar wird und damit auch nicht überprüfbar ist.

Der *Ruderkasten* (auch Ruderbecken genannt) ist ein Gerät, bei dem das Ruderwerk eines Bootes auf einem festgemauerten Sockel montiert ist, der in einem Wasserbassin steht. Durch die Arbeit der Übenden mit Riemen oder Skulls in dem Becken wird das Wasser in Zirkulation versetzt und durch Leitbretter so verteilt, daß es außen am ‹Boot› vorbeiströmt.

Alle Hilfsgeräte schließen eine Schulung der Balance aus. Seit der Erfindung des Auslegers sind aber die Boote so schmal geworden, daß die effektive Handhabung der Geräte zugleich eine Schulung der Balance erfordert.

Die natürliche Lehrweise

Schon STEVE FAIRBAIRN lehnte die Benutzung von Hilfsgeräten ab und forderte die Ausbildung im fahrenden Boot, um im Lernprozeß ständig Rückmeldungen über die Qualität der Wasserarbeit zu erhalten. Der Lernvorgang sollte als Ganzes in der natürlichen Umgebung, das heißt auf dem Wasser, vor sich gehen.

Die Begriffe ‹natürliche Lehrweise› und ‹ganzheitliche Schulung› stehen bei der Reform des Ruderunterrichts in den dreißiger Jahren in Deutschland bei HUGO BORRMANN und KARL FEIGE im Mittelpunkt. In Anlehnung an die Grundgedanken der österreichischen Turnerneuerung von KARL GAULHOFER und MARGARETE STREICHER wurde eine jugendgemäße ganzheitliche Lehrweise im Rudern entwickelt. Es wird von der Beachtung der Entwicklungsstufen des Kindes die Forderung nach stärkerer Schulung der Geschicklichkeit abgeleitet, was eine Schulung der Balancierfähigkeit einschließt.

FEIGE stellte den Leitsatz auf: Das Skiff ist der beste Ruderlehrer! Er lehnte eine Schulung auf dem Ruderbock oder im Ruderbecken ab. Aber der Unterricht auf dem Wasser beginnt bei ihm noch in der breiten, lagesicheren Gig. Es findet quasi eine Vorschulung in der Gig statt, bevor der Schüler in das Skiff umsteigt.

Die kybernetische Lehrweise

Der letzte Schritt, bei dem der Ruderunterricht bei Kindern sofort im schmalen Skiff beginnt, wird in der sogenannten kybernetischen Lehrweise getan, die in den sechziger Jahren vorwiegend von der Ruderakademie Ratzeburg und dem Fachbereich Sportwissenschaft der Universität Hamburg gemeinsam entwickelt wurde.

Es dauerte ein halbes Jahrhundert, bis die Erfindung des Rollsitzes in der Schulung des Ruderschlages angemessen berücksichtigt wurde. Es sollte noch mehr Zeit verstreichen, bis aus der noch älteren Erfindung des Auslegers und der daraus resultierenden schmaleren Bauart der Rennboote die notwendigen Konsequenzen für die Lehrweise gezogen wurden und die Schulung der Balance angemessen beachtet wurde.

Bewegungstheoretische Grundlagen

Die folgenden Ausführungen stützen sich auf die jüngste geschlossene Darstellung zum motorischen Lernen durch GÜNTHER SCHNABEL (MEINEL/SCHNABEL 1976, insbes. S. 59–99).

Das Zusammenspiel von Muskel und Nerv im menschlichen Organismus, die Koordination, ist als ein *Regelungsprozeß* zu verstehen und nicht als ein ausschließlich vom Bewußsein gesteuerter Vorgang. Die am Koordinationsprozeß beteiligten Faktoren sind so zahlreich und so komplex, daß eine starre Programmierung nicht zur Zielerreichung, nämlich zur Realisierung einer Fertigkeit, führt, sondern nur eine Regelung. Diese Regelung ist nur möglich auf der Grundlage rückgekoppelter Information, die man auch als Reafferenzen bezeichnet. Wesentliche Teile dieser Information bilden die kinästhetischen Signale; sie signalisieren Kraft- und Geschwindigkeitsveränderungen und werden von den Propriorezeptoren in den Muskeln und Sehnen während des Bewegungvollzugs geliefert (vgl. MEINEL/SCHNABEL 1976, S. 67–70). Die Propriorezeptoren sind die Meßfühler für die Kraft- und Geschwindigkeitsveränderungen. Von ihnen gehen die Rückmeldungen aus, die die Grundlage für die sogenannten kinästhetischen Empfindungen sind, welche dem Sportler zwar nur zum Teil bewußt werden, aber für die Bewegungskoordination sehr wesentlich sind – zum Beispiel für die unbewußten Reaktionen zum Gleichgewichtserhalt (vgl. MEINEL/SCHNABEL 1976, S. 70–71).

Beim motorischen Lernen werden nicht nur Informationen optischer, akustischer und taktiler Art verarbeitet, sondern auch kinästhetische (kraft- und geschwindigkeitsregulierende) sowie staticodynamische (den Gleichgewichtssinn betreffende). Diese werden im motorischen Gedächtnis aufgenommen, so daß die gespeicherten Erfahrungen beim Koordinationsprozeß, insbesondere beim Neulernen einer Bewegungskoordination, abgefragt und genutzt werden (vgl. MEINEL/SCHNABEL 1976, S. 67). SCHNABEL führt als Beispiel an, daß der Ruderer durch den kinästhetischen Analysator über die Stellung und die Tauchtiefe des Ruderblatts oder über die Stellung der Innenhebel bei der Skullkreuzung informiert ist (vgl. MEINEL/SCHNABEL 1976, S. 74).

Aus diesen Theorieansätzen folgern wir für die methodische Programmgestaltung:

1. Es müssen viele Lernsituationen geschaffen werden, in denen kinästhetische Reafferenzen auftreten, gedeutet und damit ausgewertet werden können. Dadurch werden entsprechende Regelkreise aufgebaut und stabilisiert.

2. Die Rückmeldungen, zum Beispiel über die schiefe Bootslage, müssen deutbar sein, also eindeutig einer Ausgangssituation als Reaktion zugeordnet werden können. Ein Partner als zusätzliche Störgröße soll zunächst vermieden werden. Der Unterricht beginnt daher im Einer.

3. Da Rudern eine Balancesportart ist, muß das Schulungsgerät auf Gleichgewichtsstörungen entsprechend reagieren. Das schmale Skiff zeigt Balancestörungen genügend empfindlich, schnell und genau an.

4. Die Lernversuche müssen im fahrenden Boot stattfinden, damit die Rückmeldungen valide sind, also die echte Ruderbewegung betreffen und nicht etwa formal ähnliche Drillformen auf Trokkenrudergeräten.

Man kann im Trocknen rudern . . .

. . . und dennoch weiterkommen, aber es kann, wer auf dem trocknen sitzt, rudern wie er will, er kommt doch nicht voran.

Auf dem Wasser ist gut rudern. Wem aber das Wasser am Halse steht, dem hilft kaum noch strampeln.

Ergo: Man sollte nicht nur seine Kraft-, sondern auch die Geldreserven stärken, solange es noch Zeit ist.

Balancieren lernen durch Probieren

Die Bewegungslehre kann das Problem des motorischen Lernens erklären helfen. Aber auch eine gute Beobachtungsgabe kann dazu beitragen, unser Modell für das Bewegungslernen bei Balancesportarten verständlich zu machen.

Wir beobachten Kinder beim Spielen. Eine Kindergruppe im Alter von fünf bis sechs Jahren übt Rollerfahren. An einer leicht abschüssigen Strecke erhalten die (luftbereiften und kugelgelagerten) Roller ein ausreichendes Tempo. Am Ende der Strecke krümmt sich der Weg. Die Fahrer verlagern ihr Körpergewicht instinktiv so, daß das Gleichgewicht spielend erhalten bleibt.

Wir beobachten nun eine Gruppe von etwas älteren Kindern, die die Rollererfahrung schon hinter sich haben und das Radfahren erlernen. Sie benutzen ihre Erfahrung, auf zwei rollenden Rädern balancieren zu können. Damit ist die wesentliche Schwierigkeit des Radfahrens bereits gemeistert. Die an der äußeren Bewegungsform charakteristischen Tätigkeiten, das Treten mit den Beinen und das Lenken mit den Armen, bringen an sich überhaupt keine Probleme. Wie lernen die Kinder das Meistern schwieriger Gleichgewichtssituationen? – Einfach durch Probieren! Sie benötigen lediglich eine *Lernsituation*, in der sie auch probieren dürfen. Sie brauchen ein Fahrrad und eine Bahn, auf der eine Fehlleistung im Steuern nicht zu einem ernsthaften Verkehrsunfall führt, sondern schlimmstenfalls zu einem Sturz. Als Anleitung reicht ihnen meist das Vorbild eines anderen Spielkameraden, ‹der es kann›.

Der Sturz nach einer falschen Ausgleichsbewegung des Schülers im Bemühen um die Erhaltung des Gleichgewichts darf übrigens als Rückmeldung nicht ausgeschaltet werden. Auf der Möglichkeit, eine Situation auf ihren Erfolg hin prüfen zu können, beruht der Lernfortschritt. Man kann allerdings die Lernsituation variieren, vielleicht ‹humanisieren›, indem die Kippreaktion nur angedeutet, aber nicht ausgeführt wird. Man baut an das Fahrrad seitlich Stützräder so an, daß diese einige Zentimeter Bodenfreiheit haben. Dann kann der Schüler die ‹Antwort› auf falsches Verhalten bei der Gleichgewichtssicherung durch das leichte Kippen auf das Stützrad einer Seite noch erhalten, ohne daß ein Sturz in Kauf zu nehmen ist. Wenn ein besorgter Vater, um es seinem Kind leichter zu machen, die Stützräder jedoch so montiert, daß das Hinterrad und die beiden Stützräder den Boden gleichzeitig berühren, verhindert er jede Rückmeldung über eine Balancestörung und behindert das Erlernen des wesentlichsten Teils des Radfahrens, das Balancierens auf rollenden Rädern. Er verhindert zugleich den Spaß am Lernen. Das Fahrzeug mit der dreirädrigen Achse ist nämlich kaum um die Kurve zu kriegen; auf der Geraden kann kein Balancerisiko erlebt und auch kein Lernfortschritt festgestellt werden. Wenn der Spaß am Klingeln erst mal ausgekostet ist, wird das ‹Vierrad› schnell ein recht langweiliges Spielzeug. Kinder, die vorher einen Roller fahren durften, brauchen überhaupt keine Stützräder, oder diese nur ganz kurze Zeit. Sie haben das Balancieren spielend gelernt.

Heute gibt es ein Sportgerät, das einen starken Aufforderungscharakter für geschickte Kinder hat: das *Skateboard*. Beim Skateboardfahren dienen alle Körperbewegungen der Balancesicherung. Und wie lernen die Kinder, das Skateboard zu beherrschen? – Durch Probieren auf dem rollenden Brett. Dieses kann durch Bewegungsvorschriften nicht ersetzt werden, wenn auch gezielte Bewegungsanweisungen den Lernvorgang beschleunigen helfen.

Adams Lernmodell

Es ist interessant festzustellen, daß der geniale Praktiker und Theoretiker des Rudersports, KARL ADAM, schon 1962 eine Theorie zum Rudernlernen andeutete, die die heutigen Erkenntnisse zum Bewegungslernen vorwegnahm: «Eine Darstellung dieses Problemkomplexes gelingt überraschend leicht, genau und elegant, wenn man einige Grundbegriffe der Kybernetik zu Hilfe nimmt. Von der ganzen Theorie bleibt dann ein einziger Satz übrig, aus dem sich alles ableiten läßt: Ein zweckgerichteter Bewegungsablauf gehorcht keiner linearen Steuerung durch eine Bewegungsvorstellung ..., sondern der Regelung durch ein System von lernfähigen Regelkreisen» (K. ADAM 1962, S. 3).

Solche Lernsituationen zu schaffen, in denen die für das Rudern relevanten Regelkreise aufgebaut werden, ist das Ziel des folgenden methodischen Programms.

Anfängerunterricht

Lehrweg Skiff

Das Lernprogramm setzt sich aus *Lernschritten* und *Zusatzübungen* zusammen. In diesem Programm baut jeder Lernschritt auf dem vorhergehenden auf. Die Reihenfolge ist festgelegt, wenn auch die Lernsituation variabel gestaltet werden kann.

Die Zusatzübungen sind situationsgebunden. Sie werden dort zu den Übungen des Lernprogramms hinzugefügt, wo sie zur Bewältigung der Situation benötigt werden. Zu den Zusatzübungen zählen neben dem Einsteigen Übungen wie ‹Skulls lang nehmen›, das Anlegen und Ablegen sowie andere Hilfsmanöver. Die Ausführung dieser Zusatzmanöver setzt häufig eine gewisse Bewegungserfahrung voraus, die innerhalb des Programms vermittelt wird. So ist zum Beispiel das Anlegen über Heck im Skiff nicht erlernbar, bevor das zielgenaue Rückwärtsrudern beherrscht wird. Die Zusatzübungen werden in diesem Programm immer dort eingefügt, wo die entsprechenden Bewegungserfahrungen vorhanden sind.

Äußere Lernvoraussetzungen

Die Kinder halten sich an einem sommerwarmen Badesee mit flachem Sandstrand auf. Es stehen Jugendeiner aus Kunststoff zur Verfügung. Die Kinder tragen zu zweit einen Einer ins knietiefe Wasser. Sie setzen die Skulls am ‹Hals›, der schmalsten Stelle der

Skulls, ein und schieben sie bis zum Klemmring durch. Die Verschlußbügel müssen an beiden Dollen fest zugeschraubt werden; denn wenn ein Bügel während der Fahrt unversehens aufgeht, kann ein Skull herausspringen. Der Ruderer verliert dann die Balance, und ein unfreiwilliges Bad ist oft nicht zu vermeiden.

Die Skulls müssen seitenrichtig eingesetzt werden. Sie sind daran zu unterscheiden, daß auf der Backbordseite die Kunststoffmanschette häufig rot eingefärbt ist. Andernfalls ist der Skull mit einem roten Markierungsstreifen versehen.

Sind die Begriffe *Backbord* und *Steuerbord* den Schülern schon bekannt, sollten sie im Unterricht auch gebraucht werden. Sind diese Ausdrücke unbekannt, so kann der Lehrer zunächst auch mit den Ausdrücken ‹rote Seite› für Backbord und ‹grüne Seite› für Steuerbord auskommen.

Einsteigen im flachen Wasser

Zusatzübung 1: Wir lernen, in das Skiff einzusteigen.
Wir fassen mit einer Hand beide Skullgriffe gleichzeitig von oben. Die Skulls liegen in der Mittelzugstellung mit den Blättern flach auf dem Wasser und bilden so eine *Blattstütze*, die das Skiff gegen seitliche Schwankungen sichert. Wir treten mit einem Fuß auf das Einsteigbrett, halten uns mit der einen Hand am Ausleger fest und lassen uns mit einer einbeinigen Kniebeuge langsam auf dem Roll-

Richtige Griffhaltung

Ein Fuß auf dem Einsteigbrett

Hinsetzen auf dem Rollsitz

Foto links:
Tragen eines Skiffs zu zweit. Unter-
stützungspunkte etwa 1,50 m von den
Enden entfernt.

Der richtige Skullgriff

sitz nieder. Der zweite Fuß wird nachgezogen und gleich auf das Stemmbrett gesetzt.

Nachdem der erste Fuß auf das Stemmbrett nachgestellt wurde, fassen wir jedes Skull mit einer Hand im richtigen Skullgriff. Der Handrücken zeigt nach oben, der Zeigefinger schließt mit dem Griffende ab, der Daumen greift um das Griffende herum und drückt das Skull mit dem Klemmring gegen die Dolle. Dieser feste Kontakt von Skull und Dolle ist wichtig, weil hier die Ausgleichbewegungen zum Erhalten der Balance auf das Boot übertragen werden.

Wir probieren, ob die Stemmbretteinstellung der Beinlänge entspricht. Wir rollen mit dem Sitz in Richtung Bug und machen die ‹Westentaschenprobe›: Wir gehen in die Endzugstellung, achten auf den richtigen Skullgriff und den festen Kontakt des Klemmrings mit der Dolle. Wenn wir jetzt die Daumen abspreizen, müssen wir den Körper an der Stelle berühren, an der die Knorpelbogen der kurzen Rippen sitzen. Dann ist die Einstellung des Stemmbretts richtig.

Die hier beschriebene Art des Einsteigens ist nur am flachen Sandstrand aus knietiefem Wasser möglich. Muß der Anfängerunterricht im tiefen Wasser vom Steg aus gestartet werden, ist eine andere Art des Einsteigens notwendig. Andere Zusatzübungen führen dann zur Bewältigung der Situation (vgl. Seite 95–97).

Sicherheitsstellung

Lernschritt 1: Sicherung der Balance
Nach dem Einsteigen nehmen wir folgende Position ein: Wir sitzen
mit fast durchgedrückten Knien im Boot. Die Skulls stehen senkrecht zur Bordwand, und die Blätter liegen flach auf dem Wasser.
Aus dieser Sicherheitsstellung können wir mit dem Üben beginnen.

Lernschritt 1 a: Wir lehnen uns zur ‹roten Seite› nach *Backbord* aus
dem Boot und halten dabei beide Skullgriffe auf gleicher Höhe. Das
Boot legt sich leicht schief; aber die Blattstütze wirkt. Wir spüren
den Widerstand, den das flach liegende Blatt einer Bootskrängung
entgegensetzt.
Wir probieren es jetzt zur ‹grünen Seite› nach *Steuerbord* und
erfahren wieder die Wirkung der Blattstütze. Wir bewegen uns
stärker mit dem Oberkörper. Das Boot kippt dennoch nicht um.
Ein Schüler läßt aus Versehen einen Skullgriff los, so daß die
Innenhebel kurzzeitig nicht mehr auf gleicher Höhe sind, bevor der
Griff wieder erfaßt wird. Das Boot krängt stärker, aber das Skiff
kippt immer noch nicht um, es sei denn, der Schüler macht vor
Schreck eine sehr übersteigerte Ausgleichbewegung. Wir wollen
aus dem Zufallsfehler lernen.

Sicherheitsstellung:
Skulls senkrecht zur Bordwand, Blätter flach auf dem Wasser.

Erproben der Balance: Oberkörper nach Backbord neigen.

Schaukeln nach Backbord

und nach Steuerbord

Lernschritt 1 b: Wir probieren jetzt alle, das Skiff nach Backbord noch weiter schief zu legen, indem wir den Innenhebel des Backbordskulls tief ins Boot drücken. Wir heben danach den ‹roten› Innenhebel wieder an, senken gleichzeitig den ‹grünen› Skullgriff um das gleiche Stück. Das Skiff neigt sich nach Steuerbord.
Wir *schaukeln* das Skiff hin und her.
Wir gehen vom langsamen Schaukeln mit kleiner Hubhöhe zu schnellerem Schaukeln mit größerer Hubhöhe über, bis die Dollen das Wasser schon berühren. Das Skiff kippt immer noch nicht um. Solange wir die Skulls senkrecht zur Bordwand mit den Blättern flach auf dem Wasser halten, sichert die Blattstütze das Skiff.

Das ‹fallende› Boot wird mit dem Blatt auf Backbord abgestützt

und ebenso auf Steuerbord

Wir lernen, wie wir mit der Stellung der Innenhebel die Bootslage bestimmen können. Sind die Hände und damit auch die Innenhebel auf gleicher Höhe, dann haben wir automatisch die waagerechte Lage erreicht.

Lernschritt 1 c: Wir kippen das Skiff abwechselnd nach Backbord und nach Steuerbord.
Wir halten beide Innenhebel so, daß sie eine gerade Linie bilden. Das Backbordblatt liegt als Blattstütze auf dem Wasser, das Steuerbordblatt zeigt hoch in die Wolken. Wir lassen das Boot mit Schwung auf die andere Bordseite *kippen.* Das flach liegende Steuerbordblatt klatscht auf das Wasser und fängt die Steuerbordkrängung ab. Wir stellen fest: Selbst ein kippendes Boot wird mit der Blattstütze sicher abgefangen.

Ergebnisse von Lernschritt 1:
- Wir gewinnen Sicherheit durch Ausprobieren der möglichen Reaktionen des Skiffs auf verschiedene Gewichtsverlagerungen und Stützpositionen.
- Die verschiedenen Variationen a, b, c des Lernschritts 1 sind austauschbar und können abgekürzt oder ergänzt, auch ersetzt werden. Sie können so ausgesucht werden, wie sie Spaß in den Unterricht bringen.

Auch die ‹schlimmste› Rückmeldung, die Kenterung, vertreibt nicht den Spaß am Unterricht.

- Der Spaß soll überhaupt bei den ersten Versuchen nicht zu kurz kommen. Die Anforderungen sind normalerweise für Kinder im Geschicklichkeitsalter reizvoll. Wer aufmerksam beim Probieren ist, erfühlt die Sicherheit schnell. Wer nicht aufpaßt, fällt eventuell in das badewarme Wasser. Diese ‹schlimmste› Rückmeldung zeigt als negatives *feedback* an, was man beim nächsten Versuch anders lösen sollte. Sie fördert somit den Lernprozeß und verdirbt durchaus nicht den Spaß, wie das Foto links unten auszusagen scheint.
- Wir überprüfen, ob wir die Stufe von Lernschritt 1 erreicht haben, indem wir Variante a oder b oder c in starker Ausprägung noch einmal durchspielen. Wenn keine Symptome von Unsicherheit mehr auftauchen, kann es weitergehen.

Erfühlen der Blattlage

Lernschritt 2: Finden der Blattlage. Wir müssen zuerst die richtige Blattlage finden, mit der wir uns wirksam im Wasser abstoßen können. Wir probieren es nach dem allgemeinen Lehrprinzip «Vom Einfachen zum Schweren» zunächst nur auf einer Seite.

Lernschritt 2 a: Wir beginnen mit dem Backbordskull. Wir lassen das Backbordblatt senkrecht im Wasser schwimmen. Das Steuerbordblatt dient derweil als Blattstütze. Das Gewicht liegt etwas mehr auf der Steuerbordseite. Das Steuerbordskull wird mit dem Innenhebel an der Hüfte fixiert, so daß das Skiff ein wenig schräg nach Steuerbord hängt. Wir fassen in der Auslageposition mit gestrecktem Arm das Backbordskull mit lockerem Griff und ziehen mit geradem Handgelenk den Innenhebel bis an den Körper.
Wegen der Fixierung des Steuerbordskulls können wir bei dieser Übung den Rollsitz kaum benutzen und haben daher nur einen relativ kurzen Weg des Blatts im Wasser. Bei lockerem Zug am Innenhebel bleibt das Blatt in der anfänglichen Schwimmlage und taucht bis zum Hals ein. Wir ziehen den Innenhebel bis an den Körper, heben das Blatt durch Druck auf den Innenhebel senkrecht aus, gehen mit senkrecht gehaltenem Blatt in die verkürzte Auslage und beginnen den nächsten Schlag. Wir suchen wieder die richtige Blattstellung.

Das Blatt nimmt die richtige Schwimmlage ein . . .

. . . in dieser Blattstellung wird das Skull durchgezogen

Je lockerer wir den Innenhebel fassen, desto besser können wir die richtige Blattlage erfühlen, und je lockerer der Griff ist, desto leichter kann das Blatt seine natürliche Schwimmlage einnehmen. In dieser Lage hat das Blatt die richtige Tauchtiefe und die optimale Neigung.

Es kommt beim Probieren dennoch vor, daß das Blatt ‹absäuft›, das heißt, so tief unter Wasser gezogen wird, daß das Skull nicht bis zum Hals, sondern bis zum halben Schaft eintaucht. Ursache ist in fast allen Fällen eine schräge Blattstellung vor dem Einsetzen.

Wir setzen einmal das Skull deutlich mit schräger Blattstellung ein. Dabei soll die untere Blattkante zu weit zum Heck gedreht sein. Das Ergebnis ist: Das Blatt rutscht beim Zug unweigerlich tief ins Was-

Fehler: Schräg eingesetzt . . .

. . . taucht das Blatt zu tief.

ser. Der Zusammenhang zwischen schrägem Einsetzen und Tieftauchen des Blatts wird so sichtbar.

Wir probieren den gegenteiligen Fehler. Wir setzen das Blatt in der anderen Richtung verdreht ein. Das Blatt zeigt mit der oberen Kante zu weit zum Heck. Das Ergebnis ist: Das Blatt schabt über das Wasser, taucht nicht tief genug ein und liefert bei diesem Schlag kaum Vortrieb.

Genau zwischen diesen beiden Positionen, die keinen guten Vortrieb erlauben, liegt die Blattstellung, die den besten Schub ermöglicht. Das ist nun genau die Schwimmlage, die das Blatt von sich aus einnimmt und die wir daher durch Erfühlen der Blattstellung mit lockerem Handgelenk erlernen können.

Fehler: Heckwärts gekantet, rutscht das Blatt über das Wasser.

Wenn wir diese Blattlage gefunden haben, machen wir gleich mehrere Schläge weiter, damit das Gefühl für diese Blattlage sicherer wird und die Regelkreise, die diese Blattstellung stabilisieren, fester gebahnt werden. Das Skiff bewegt sich bei dieser Übung auf einer Kreisbahn fort. Wir fahren mehrere volle Kreise.
Im Gruppenunterricht müssen wir auf genügend Abstand zum Nachbarn achten, damit die Übung nicht durch eine Kollision unterbrochen wird.

Lernschritt 2 b: Wir probieren das Erfühlen der richtigen Blattlage auf Steuerbord.
Das Skiff wird mit dem Backbordskull abgestützt. Wir ziehen das Steuerbordskull mit lockerem Handgelenk durch das Wasser und erwerben so das richtige Gefühl für die Blattlage.

Ergebnis des Lernschritts 2:
- Wir haben auf jeder Bordseite einzeln so viel Gefühl für die richtige Blattlage erworben, daß wir die richtige Schwimmlage und Blattneigung finden, ohne dies durch Blickverbindung überprüfen zu müssen.
- Wir kontrollieren uns, indem wir zehn Schläge mit geschlossenen Augen fahren und dann erst im Hinsehen kontrollieren, ob das Blatt noch richtig im Wasser steht.
- Wir überprüfen auch auf der anderen Bordseite, ob wir die Stufe von Lernschritt 2 erreicht haben.

Lernschritt 3: Wiederfinden der richtigen Blattlage nach dem Flachdrehen
Um im Skiff von der bisher erlernten einseitigen Arbeit zur beidseitigen Ruderarbeit zu kommen, müssen wir das Flachdrehen der Blätter einführen, damit wir beim In-die-Auslage-Gehen mit den schleifenden Blättern eine Absicherung der Balance haben. In der Auslage müssen wir dann bei jedem Schlag nach dem Flachdrehen die richtige Blattlage im Wasser wiederfinden.

Lernschritt 3 a: Wir probieren es zuerst auf der Backbordseite. Nach dem Ausheben wird das Blatt durch Absenken des Handgelenks sofort flachgedreht. Es gleitet über das Wasser, wobei die

Mit senkrechtem Blatt auf Backbord durchziehen . . .

. . . dann flachdrehen

bugseitige Kante (die in der Bewegungsrichtung des Blatts vordere
Kante) etwas angekantet werden muß. Diese Blattstellung wird
durch den *Anlagekeil* von 4 Grad am Skullrücken unterstützt. In
der Auslage wird das Blatt senkrecht gestellt. Die richtige Blattlage
muß sofort gefunden und im ganzen Durchzug eingehalten werden.
Am Ende des Durchzugs wird das Blatt senkrecht ausgehoben und
sofort flach gestellt. Mit dem Gleiten übers Wasser beginnt der
Zyklus von neuem. Wir fahren wieder mehrere Kreise mit der
einseitigen Ruderarbeit auf Backbord.

Lernschritt 3 b: Wir wechseln die Aufgabenstellung auf den Bord-
seiten.
Wir stützen mit dem Backbordblatt ab und stellen das Blatt auf der
Steuerbordseite nach dem Ausheben flach. Wir gleiten über das
Wasser und versuchen in der Auslage, die richtige Blattstellung für
den Durchzug sofort wiederzufinden. Dann ziehen wir in dieser
Stellung durch.

Ergebnis des Lernschritts 3:
● Wir haben das Ergebnis von Lernschritt 2 gefestigt und können
  mit jeder Hand in der richtigen Blattlage durchziehen. Darüber
  hinaus können wir beim In-die-Auslage-Gehen mit dem Blatt
  über das Wasser gleiten und in der Auslage die richtige Blattstellung für den Durchzug sofort wiederfinden.
● Wir kontrollieren uns, indem wir wechselseitig einen Schlag auf
  Backbord und einen Schlag auf Steuerbord mit Flachstellen und
  Gleiten des Blatts fahren. Mit dieser Technik kommen wir in
  einem leichten Schlingerkurs schon ein ganzes Stück vorwärts.
  Nach gut einhundert Metern drehen wir das Skiff durch mehrere
  Schläge in einseitiger Arbeit und fahren mit der ‹Wechselschlag-
  technik› zum Ausgangspunkt zurück.

Lernschritt 4: Vorwärtsrudern
Wir wollen dem Boot mit beiden Skulls zu gleicher Zeit Vortrieb
geben. Dazu gehen wir mit den flach liegenden Blättern als gleiten-
de Stütze in die Auslage. Da wir beide Skulls benutzen, können wir
auch den Rollsitz einsetzen und ein Stück zum Heck rollen. In der

Vorwärtsrudern – Durchzug

Vorwärtsrudern – flachdrehen; die Blätter halten vorläufig Kontakt mit dem Wasser.

vollen Auslage drehen wir beide Skullblätter gleichzeitig senkrecht, fühlen, ob auf beiden Seiten die Blattlage stimmt, und beginnen den Durchzug.

Hinweis: In der Mittelstellung kann man sich jetzt die Daumen einklemmen. Die Innenhebel sollen hier am Kreuzungspunkt kurz hintereinander und nicht übereinander geführt werden, entweder links vor rechts oder rechts vor links (vgl. Seite 32–33).

Im Endzug heben wir beide Skulls senkrecht aus, drehen beide Blätter durch Absenken der Handgelenke flach und gehen mit den Blättern über das Wasser gleitend in die Auslage. Der Zyklus beginnt von neuem. Wir fahren viele Schläge und verlängern die Rollarbeit.

Ergebnis des Lernschritts 4:
● Wir können dem Skiff gleichzeitig mit beiden Skulls Vortrieb geben. Wir können vorwärts rudern! Zwar fahren wir noch mit schleifenden Blättern; aber in allen anderen Punkten stimmt die erlernte Fertigkeit mit der Grobform des Vorwärtsruderns überein (vgl. «Bewegungsbeschreibung Skullen», Seite 24–33).

Bei guten Bedingungen kann man in der ersten Unterrichtseinheit (von 90 Minuten) bis zu diesem Punkt kommen.

Unterrichtsorganisatorische Hinweise:

Das neue, vor allem teure Gerät bedarf von Anfang an der fachgerecht Behandlung, um unnötige Bootsschäden zu vermeiden. Das
Zuwasserbringen der Boote, das Herrichten des Arbeitsplatzes bedarf einer gewissen Zeit. Bei schlechter Organisation kann hier sehr
viel Übungszeit vergeudet werden. Der einzelne Schüler braucht
mit dem Skiff einen ziemlich großen Übungsraum. Daher muß die
räumliche und zeitliche Aufteilung der Gruppe für die Unterrichtsstunde gut durchdacht und geplant sein, wenn ein effektiver Unterricht erreicht werden soll.

Einige Grundsätze müssen daher von Anfang an beachtet werden:

1. Jeder hilft jedem beim Zuwasserbringen und beim Herausnehmen der Boote.

2. Kein Schüler ist fertig auf dem Bootsplatz, wenn sein Boot
versorgt ist, sondern erst, wenn der letzte aus der Gruppe an Land
ist und auch dessen Gerät am richtigen Platz liegt. Auch wer als
erster an Land war, hilft dem letzten; denn beim Landen war auch
der erste auf die Hilfe anderer angewiesen.

3. Wir sind eine Gruppe, auch wenn wir beim Unterricht im Skiff
wörtlich genommen nicht in einem Boot sitzen.

Beim Gruppenunterricht im Skiff empfiehlt sich für die Übungen
«am Ort» (*Zusatzlernschritt 1* und *Lernschritt 1*) folgende Aufstellung:

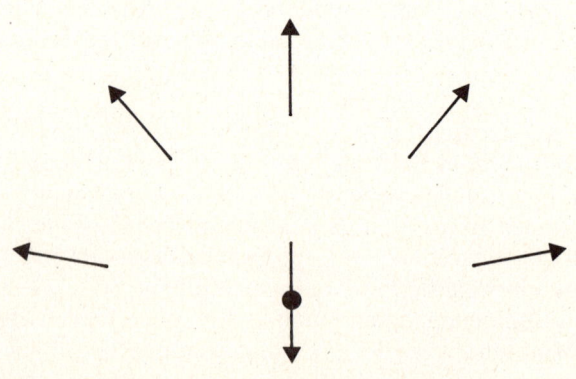

Der Lehrer unterrichtet hierbei vom Skiff aus. Er ist im Mittelpunkt eines Halbkreises von allen Schülern gut zu hören und zu sehen. Wenn die Boote Heck zu Heck liegen, kann auch er alle Boote gut beobachten und gezielte Einzelanweisungen sowie Korrekturen geben.

Im Notfall ist der Unterricht bis zu diesem Zeitpunkt auch von Land aus in gleicher Aufstellung durchzuführen. Bei größeren Entfernungen zu den einzelnen Booten sollte man ein Megaphon benutzen.

Auch für die *Lernschritte 2* und *3* ist diese Aufstellung als Ausgangsposition brauchbar. Man muß darauf achten, daß beim Erfühlen der richtigen Blattlage alle auf derselben Bordseite beginnen, damit die Boote bei der kreisförmigen Fortbewegung nicht auf Kollisionskurs kommen. Man benötigt also ausreichenden seitlichen Abstand und damit einen großen Radius des Halbkreises. Man ist jetzt als Lehrer in einer günstigeren Position, wenn man im Skiff an seinen Schüler oder an eine Teilgruppe der Schüler heranfahren kann, als wenn man von Land aus mit einem Megaphon unterrichten muß.

Beim *Lernschritt 4* geht man zu der unten dargestellten Fahrordnung über.

Der Lehrer ist mit seinem Boot im Mittelpunkt eines Rechtecks. Er beobachtet und korrigiert von hier die vorbeifahrenden Schüler.

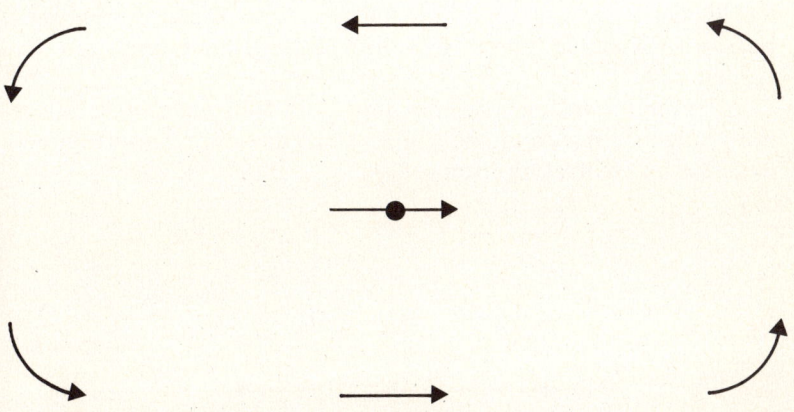

Dabei kann er selbst einmal ein Stück im Skiff begleiten, wenn er den Bewegungsablauf gleichzeitig demonstrieren und erläutern will.

Festigen der Bewegung

Die zweite Unterrichtseinheit dient der Wiederholung und damit der Festigung des bisher Erlernten.

Wir wiederholen zunächst in Bootshausnähe die schon erlernten Manöver. Übungen zur Sicherung der Balance. Erfühlen der Blattlage ohne Flachdrehen einseitig auf Backbord, danach auf Steuerbord. Erfühlen der Blattlage mit Flachdrehen einseitig, danach beidseitig.

Zur Kontrolle fahren wir einhundert Schlag in der ‹Wechselschlagtechnik› und die Strecke zurück mit der gleichzeitigen Ruderarbeit auf beiden Bordseiten, der richtigen Skulltechnik.

Wenn dieses Manöver klappt, können wir auf eine erste kleine Ausfahrt gehen, um dabei die Manöver weiter zu festigen; denn ‹Neuland› zu erobern ist immer wieder ein Spaß für die Schüler. Wir wollen in der zweiten Ruderstunde mit eigener Kraft zu einem von der Gruppe gewählten Ziel fahren. Eine Ausfahrt hinterläßt ein stolzes Gefühl, wenn man seinen Einer allein dorthin gerudert und den Startplatz wieder erreicht hat.

Unterrichtsorganisatorische Hinweise:
Der Ruderlehrer läßt am besten auf der rechten Seite des Fahrgewässers in Kiellinie fahren. Er selbst begleitet die Gruppe auf der Außenbahn.

Bei Gefahr durch Gegenverkehr geht er an die Spitze. Sonst fällt er mit seinem Boot auch einmal zurück, um den weiter hinten Fahrenden Tips und Korrekturen zu geben.

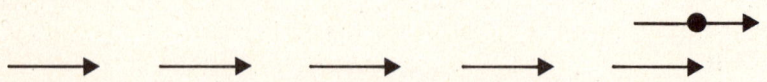

Wenn der Ruderlehrer für die Gruppe einen erfahrenen Ruderer als Assistenten hat, sollte er zwei Fahrgruppen bilden. Da kleinere Gruppen übersichtlicher sind als große, ist unterwegs eine individuellere Betreuung und Korrektur möglich. Eine kleinere Gruppe ist für andere Benutzer des Reviers auch keine so starke Behinderung. In dieser Übungsstunde, in der keine neuen Manöver erlernt werden, hat der Lehrer Zeit für die Einzelkorrektur. Dazu begleitet er jeden Schüler einzeln eine Strecke und achtet darauf, daß sich keine Fehler verfestigen.

Stoppen aus der Vorwärtsfahrt

Wir können unser Boot jetzt schon recht gut beschleunigen. Deshalb müssen wir bremsen lernen für den Fall, daß ein Hindernis auf unserem Kurs auftaucht.

Lernschritt 5: Wir rudern ein Stück, unterbrechen dann das Vorwärtsrudern und legen beide Blätter flach auf das Wasser wie beim Gleiten. Wir kanten die Blätter etwas stärker an. Dabei spüren wir den Druck, den das Wasser gegen die gewölbte (konvexe) Seite des Blatts ausübt. Wir arbeiten dem Druck entgegen und verlangsamen dadurch die Fahrt des Boots allmählich. Wenn unser Skiff schon fast keine Fahrt mehr hat, drehen wir die Skulls ganz senkrecht und bremsen das Boot dadurch ganz ab.

Das Stoppen soll nicht zu ruckhaft geschehen, weil sonst die Verbände im Boot, der Ausleger und die Dolle unnütz stark belastet werden. Zur Schonung des Geräts führen wir das sogenannte weiche Stoppen ein. Wir wiederholen das Stoppen mehrfach, damit das Manöver klappt, wenn es unterwegs angewendet werden muß.

Neben dem ‹weichen› Stoppen gibt es das ‹harte› Stoppen, bei dem die Blätter so gedreht werden, daß der Wasserdruck gegen die Hohlseite des Blatts wirkt. Dadurch wird zwar der Bremsweg etwas verkürzt, was bei zu spätem Erkennen eines Hindernisses von Vorteil sein kann. Aber es werden auch ständig Verbände, Auslegerstreben und Dollen stark belastet. Die Präferenzentscheidung für das weiche Stoppen ist hier für strömungslose Gewässer getroffen worden.

Blätter gleiten lassen

Blätter stetig ankanten

Blätter senkrecht stellen

Ergebnis von Lernschritt 5:
- Wir können das Boot aus der Vorwärtsfahrt weich abstoppen. Das gibt uns mehr Sicherheit, vor allem in engen Ruderrevieren, wo wir häufig mit anderen Booten auf Kollisionskurs kommen.
- Wir kontrollieren uns, indem wir aus voller Vorwärtsfahrt das Boot abstoppen. Wenn das Stoppmanöver auf beiden Seiten gleichmäßig gelingt, darf das Boot nicht aus dem Kurs laufen.

Rückwärtsrudern

Wenn wir durch andere Boote eingeengt sind und das freie Wasser nur über Heck erreichen können, müssen wir lernen, unser Boot über Heck zu beschleunigen. Diese Manöver nennen wir Rückwärtsrudern.

Lernschritt 6: Rückwärtsrudern

Wir gehen zunächst den schnellsten Weg beim Erlernen des Rückwärtsruderns. Wir übertragen die vollständige Bewegung des Vorwärtsruderns sofort auf das Rückwärtsrudern, mit dem Unterschied: statt ziehen jetzt immer schieben.
In der Ausgangsposition steht der Rollsitz am bugseitigen Ende der Rollbahn; die Innenhebel liegen dicht am Körper. Wir setzen die Blätter senkrecht ins Wasser, wobei jetzt die Hohlseite zum Bug zeigt. Wir schieben die Blätter durch das Wasser, indem wir den Rollsitz zum Heck fahren und gleichzeitig die Arme strecken. In der heckseitigen Position drehen wir beide Blätter gleichzeitig um 90 Grad. Während wir den Rollsitz zum Bug fahren und die Arme wieder an den Körper bringen, gleiten die Blätter übers Wasser.
Jetzt muß die heckseitige Kante, die in Bewegungsrichtung des Blatts vorn ist, etwas höher liegen. Wir drehen die Blätter wieder gleichzeitig senkrecht, und mit dem Wegschieben der Innenhebel beginnt der Zyklus von neuem. Wir machen gleich mehrere Schläge hintereinander.
Erfahrungsgemäß kann die Mehrzahl der geschickten Jungen und Mädchen diesen direkten Weg zum Rückwärtsrudern gehen. Tauchen nun bei einigen Schülern Schwierigkeiten in der Koordination

Blätter senkrecht einsetzen

Blätter durch das Wasser schieben

Blätter flachstellen

Blätter über das Wasser gleiten lassen

auf, so schlagen wir mit dieser Teilgruppe den gleichen Weg wie beim Vorwärtsrudern ein. Diese *Schritt-für-Schritt-Methode* verlangt mehr Zeit. Zunächst muß einseitig auf Backbord mit senkrecht gehaltenem Blatt die richtige Blattlage für den Rückwärtsschlag erfühlt werden. Dasselbe gilt auf Steuerbord. Danach kommt das Flachdrehen und Gleiten auf jeder Bordseite nacheinander. Schließlich folgt die gleichzeitige Arbeit auf beiden Bordseiten: Wir sind beim Rückwärtsrudern angekommen.

Bei dem Manöver Rückwärtsrudern taucht regelmäßig folgender Fehler auf: Beim Heckwärtsgleiten der Blätter über das Wasser schneidet das Blatt unter. Anders als beim Gleiten im Vorwärtsschlag wird jetzt die Kante, die in Bewegungsrichtung zeigt, durch den Anlagekeil am Blattrücken nicht angehoben. Die heckseitige Kante liegt von der Skullkonstruktion her jetzt tiefer und muß aktiv angekantet werden, damit das Blatt die Gleitbootlage erreicht. Diese richtige Kantenstellung muß bei jedem Rückwärtsschlag wiederhergestellt werden.

Wir üben den Kantenwechsel in spielerischer Form. Wir beginnen zunächst nur mit einer Seite. Dazu benutzen wir das Steuerbordskull als Blattstütze und gehen auf der Backbordseite vom gut beherrschten Gleiten des Vorausruderns aus. Wenn das Blatt in der bugseitigen Position angekommen ist, drehen wir nicht um 90 Grad auf, sondern kanten in der Gegenrichtung die heckseitige Kante etwas an. Wir gleiten jetzt mit dem Blatt zurück in die heckseitige Position und drehen dann die bugseitige Kante wieder etwas höher. Wir spielen hin und zurück ‹Gleitboot› mit dem Backbordblatt. Unser Skiff bleibt bei dieser Übung am Ort liegen. Wir üben, bis die Kantenstellung sicher und schnell gefunden wird. Das Kantenspiel muß mit lockerem Handgelenk ausgeführt werden.

Wir betreiben das gleiche Kantenspiel mit dem Steuerbordskull, wobei das Backbordskull als Blattstütze dient. Danach probieren wir das Kantenspiel auf beiden Seiten gleichzeitig. Wenn wir dabei nicht mehr unterschneiden, kommen wir zum Rückwärtsrudern zurück und stellen fest, daß die früher vorhandenen Schwierigkeiten in der Gleitphase beim Rückwärtsrudern ‹weggespielt› sind.

Ergebnis des Lernschritts 6:
- Wir können unser Skiff über Heck beschleunigen, wobei die Blätter in der Leerlaufphase übers Wasser gleiten.

‹Kantenspiel› – das Blatt rutscht wie ein Gleitboot vor und zurück
über das Wasser.

- Wir kontrollieren uns, indem wir 100 m rückwärts rudern, ohne
  vom vorher festgelegten Kurs abzuweichen. Wir wählen einen
  markanten Peilpunkt, zum Beispiel einen Fahnenmast, aber keine weitausladende Baumkrone. – Bis hierher kommen wir gewöhnlich schon in der dritten Übungsstunde.

Stoppen aus der Rückwärtsfahrt

Lernschritt 7: Um unser Boot aus der Rückwärtsfahrt abbremsen zu
lernen, nutzen wir die Erfahrung vom Stoppen aus der Vorwärtsfahrt. Der Druck soll bei dem Bremsvorgang wieder gegen die

Blätter gleiten lassen

Blätter stetig ankanten

Blätter senkrecht stellen

gewölbte Blattseite wirken, damit wir auch in dieser Richtung ein geräteschonendes weiches Stoppen erreichen.

Wir beschleunigen das Skiff über Heck, unterbrechen die Ruderarbeit und legen die Blätter zum Gleiten auf das Wasser, wobei die heckseitige Kante angehoben ist. Wir kanten die Blätter jetzt stärker auf, arbeiten gegen den spürbaren Druck und bremsen so das Boot zügig ab. Sobald das Skiff nur noch wenig Fahrt macht, stellen wir die Blätter senkrecht und bringen das Boot zum Halten. Im Fall einer Gefahr verkürzen wir natürlich den Gleitweg und stellen die Blätter so schnell senkrecht, wie die Situation es erfordert.

Ergebnis des Lernschritts 7:
• Wir können unser Skiff aus der Rückwärtsfahrt weich abstoppen. Wir kontrollieren uns, indem wir das Skiff aus voller Rückwärtsfahrt abstoppen. Wir versuchen zunächst, auf beiden Seiten so gleichmäßig zu arbeiten, daß das Boot auf Kurs bleibt. Danach wollen wir durch absichtlich stärkeres Stoppen auf einer Seite das Boot in der Phase des Stoppens mit schräg gestelltem Blatt steuern. Schließlich erreichen wir eine langgezogene Kurvenbahn, indem wir das Skull der Kurveninnenseite richtig dosiert belasten.

Wende

Lernschritt 8: Wende
Wenn wir bisher unseren Kurs um 180 Grad ändern, also unsere Fahrstrecke in umgekehrter Richtung befahren wollten, so erreichten wir dies durch einseitiges Rudern. Um das Boot auf diese Art zu drehen, benötigen wir relativ viel Platz und viel Zeit. Wir wollen jetzt lernen, diese Wende am Ort zu fahren.

Lernschritt 8 a: Wir beginnen mit der Wende über Backbord und gehen in die Ausgangsposition für den Rückwärtsschlag. Das Backbordblatt steht senkrecht im Wasser und ist zum Rückwärtsschlag eingestellt. Das Steuerbordskull wird um 90 Grad versetzt flach auf das Wasser gelegt. Die bugseitige Kante ist dabei leicht angehoben. Wir machen einen Schlag rückwärts auf Backbord, während das Steuerbordblatt im ‹Leerlauf› über das Wasser gleitet.

Beginn mit Rückwärtsschlag auf Backbord; Steuerbordblatt wird flachgestellt

Ende des Rückwärtsschlags auf Backbord; Vorwärtsschlag auf Steuerbord beginnt

Ende des Vorwärtsschlags auf Steuerbord; Rückwärtsschlag auf Backbord beginnt

Rückwärtsschlag auf Backbord; Steuerbordblatt gleitet

Sind die Blätter in der bugseitigen Position angekommen, drehen wir beide Hände gleichzeitig um 90 Grad vom Körper weg. Das Steuerbordblatt steht jetzt senkrecht im Wasser und ist bereit zum Vorwärtsschlag, während das Backbordblatt flach auf dem Wasser liegt. Die heckseitige Kante muß wie beim Gleiten zum Rückwärtsschlag etwas angehoben werden. Wir ziehen auf Steuerbord einen Vorwärtsschlag; das Backbordblatt gleitet im Leerlauf mit.

Sind die Blätter am heckseitigen Ende angekommen, drehen wir wieder beide Handgelenke um 90 Grad, jetzt zum Körper hin. Wir sind in der Ausgangsstellung und lassen das Manöver weiterlaufen: einen Schlag rückwärts auf Backbord, das Steuerbordskull gleitet im Leerlauf, einen Schlag vorwärts auf Steuerbord, das Backbordskull gleitet im Leerlauf. Das Skiff dreht sich auf der Stelle über die Backbordseite.

Wir versuchen den Bewegungsablauf zu festigen, indem wir mehrere Kreise mit der Backbordwende fahren.

Lernschritt 8 b: Nun wollen wir die Wende über Steuerbord lernen. Wir beginnen mit einem Schlag Steuerbord rückwärts. Das Backbordskull gleitet im Leerlauf mit. Wir fahren danach einen Schlag Backbord vorwärts. Das Steuerbordskull gleitet im Leerlauf mit. Das Boot dreht sich über Steuerbord.

Wir fahren mehrere Kreise, um den Bewegungsablauf zu sichern. Die Wende setzt sich aus den uns schon bekannten Teilen Vorwärtsschlag und Rückwärtsschlag zusammen. Deshalb wird sie von uns auch in dieser Weise ‹ganzheitlich› gelehrt.

Wende über Backbord ist nichts anderes als die Verschachtelung von einem Schlag rückwärts auf Backbord und einem Schlag vorwärts auf Steuerbord mit einer Phasenverschiebung von einem halben Zyklus.

Wir lehren dabei die sogenannte *lange Wende.* Die auch verbreitete *kurze Wende,* bei der Rückwärtsschlag und Vorwärtsschlag auf beiden Bordseiten gleichzeitig ausgeführt werden, wird von uns im Anfängerunterricht nicht eingesetzt. Da der Rollsitz bei dieser Ausführung nicht benutzt werden kann, sind die erlernten Bewegungsmuster nicht einzusetzen. Außerdem werden bei der kurzen Wende durch die gleichzeitige ‹Verwringung im Boot› die Verbände unnötig stark belastet.

Treten bei einem Schüler Koordinationsschwierigkeiten auf, geben wir auch die Korrekturanweisung entsprechend dem ganzheitlichen Ansatz beim Neulernen. Wenn bei der Wende über Steuerbord zum Beispiel in der Gleitphase Schwierigkeiten mit der Blattstellung am Steuerbordskull auftreten, erinnern wir uns, daß wir bei der Steuerbordwende mit dem Steuerbordskull nichts anderes als Rückwärts- schläge fahren. Wir weisen auf die Erfahrung aus dem Rückwärts- schlag hin; gegebenenfalls wiederholen wir das Rückwärtsrudern und betonen das exakte Gleiten.

Eventuell kommen wir noch einmal auf die Übung ‹Kantenspiel› (vgl. Seite 71) zurück. Bekannte Bewegungsmuster sollen in die Erinnerung zurückgerufen werden. Daran knüpfen wir die Korrek- turhinweise an. Man darf nicht durch Anweisungen für das linke oder rechte Handgelenk den Schüler verleiten, die Koordination bei der Wende durch eine Steuerung der Einzelbewegung der bei- den Hände zu organisieren.

Das von uns verfolgte Prinzip, beim Erlernen neuer Bewegungen so eng wie möglich an die bisherige Bewegungserfahrung anzuknüp- fen, zeigt seine Nützlichkeit selten so deutlich wie beim Schulen der Wende.

Ergebnis des Lernschritts 8:

● Wir können das Boot über Backbord und über Steuerbord wen- den. Wir kontrollieren uns, ob wir den Bewegungsablauf auch wirksam ausführen können. Wir fahren drei volle Kreise mit einer Wende über Backbord oder über Steuerbord. Wer dabei am wenigsten Schläge benötigt, zeigt die beste Ausführung.

Wenn wir wollen, können wir diese Lernkontrolle in einem ersten kleinen Wettkampf organisieren. Hierzu einige unterrichtsorgani- satorische Hinweise: Wenn man das Manöver nur über einen vollen Kreis ausführen läßt, ist bei einer einigermaßen leistungshomoge- nen Gruppe keine Rangfolge zu ermitteln, da die Differenzen bei den einzelnen Plätzen in vielen Fällen weniger als einen Schlag betragen werden. Bei mehreren Kreisen wird die Streuung der Leistung größer und dadurch die Feststellung des Rangplatzes leichter möglich.

Es sei auch auf die ehrliche Selbstkontrolle hingewiesen: Jeder zählt die Schläge, die er benötigt, selbst.

Jeder Wettkampf muß zur Optimierung der Zielübung beitragen, wenn er dem Lernfortschritt dienen soll. In unserem Fall würde etwa die Aufgabenstellung: «Wer am schnellsten drei volle Kreise mit einer Backbordwende gefahren hat, ist Sieger» zu kurzen, kräftigen Schlägen führen. Das belastet die Verbände im Boot sowie Ausleger und Dollen unnötig und ist daher als Zielübung nicht erwünscht. Die Aufforderung, mit möglichst wenigen Schlägen die drei Kreise zu fahren, verleitet dagegen zu langer und kraftvoller Wasserarbeit unter voller Ausnutzung des Rollwegs. Das ist genau Sinn der Zielübung.

Bis zu diesem Stand kommen wir gewöhnlich in der vierten Übungsstunde.

Zweite Ausfahrt

Wir können inzwischen vorwärts rudern, rückwärts rudern, stoppen und wenden. Gute Bedingungen vorausgesetzt, beherrschen wir schon nach vier Übungseinheiten alle notwendigen Manöver auf dem Wasser. Man kann diese Stufe als Ruderkönnen definieren. Die Grobform der wichtigsten Manöver wird beherrscht. Wir wollen jetzt erproben, ob wir die Manöver auf unbekannten Fahrgewässern richtig anwenden können.

Für die Ausfahrt muß der Lehrer einige organisatorische Punkte beachten.

1. Am wichtigsten ist die Auswahl einer geeigneten Fahrstrecke. Wenn es möglich ist, fahren wir auf einem Kanal, Totwasser oder Nebenarm, auf dem es neben breiten Wasserflächen auch enge Passagen, scharfe Kurven und enge Brückendurchfahrten gibt. Dann werden die Schüler von dem Gelände zu einer Erprobung der Manöver herausgefordert. Eine Strecke mit starkem Schiffsverkehr soll von der Gruppe so lange gemieden werden, bis der Lehrer sicher ist, daß jeder Schüler alle Manöver richtig und schnell genug ausführen kann, um einem überraschend auftauchenden Schiff ausweichen zu können. Die Fahrstrecke für diese Ausfahrt sollte drei bis fünf Kilometer betragen.

2. Auf jeden Fall muß der Lehrer einen Schlußmann einteilen. Wenn möglich, nimmt er für diese Aufgabe einen älteren Schüler mit Rudererfahrung mit. Der Schlußfahrer hat den Auftrag, den langsameren Fahrern mit Hinweisen zu helfen, vor allem aber dar-

Ausfahrt auf engen Kanälen mit Brückendurchfahrten

auf zu achten, daß nicht etwa der schwächste Anfänger den Anschluß verliert und im unbekannten Gewässer den Weg nach Hause nicht findet. Ob der Lehrer auf die Ausfahrt ein Begleitboot zur Sicherheit mitnimmt, um etwa gekenterten Schülern besser helfen zu können, hängt von der Gefährlichkeit des Ruderreviers ab und auch von der Wassertemperatur.

Das begleitende Sicherheitsboot muß nicht unbedingt ein Motorboot sein. Geeignet ist auch ein Gig-Doppelzweier mit Steuermann, der von älteren Schülern gerudert wird. Auf der Ausfahrt wird normalerweise in Kiellinie auf der rechten Seite des Gewässers gefahren. Eventuell sind besondere Verkehrsregeln zu beachten, auf die dann vorher hingewiesen werden muß.

Wenn möglich, sollte die Ausfahrt in ein Gewässer führen, das den Schülern bisher noch nicht bekannt war. Das Erkunden neuer Gewässer ist immer wieder eine starke Motivation im Anfängerunterricht.

Hinstellen im Boot

Auf der Ausfahrt legen wir einige Stopps ein, um die letzten Fahrer
aufrücken zu lassen oder um uns einfach eine Pause zu gönnen. Es
können einige ‹auflockernde Späße› durchgeführt werden, wie «Wir
stellen uns alle einmal im Boot hin»! Solche ‹Einlagen› lockern die
Muskeln und den Ruderbetrieb auf. Sie steigern zugleich die Vertrautheit mit dem Gerät und bringen Freude. Der Lehrer sollte von
solchen ‹Einlagen› viele Variationen kennen. Natürlich kann man
riskante, kenterträchtige Manöver nicht erproben, ohne die Möglichkeit zu haben, wieder einsteigen zu können.
Der Lehrer begleitet seine Gruppe so, daß er möglichst viele Schüler aus der Nähe sehen und dabei Korrekturen anbringen kann. Er
fährt am besten auch im Einer.

Kleine Kunststücke im Skiff

Die hier aufgeführten spielerischen Einlagen dienen dem Erwerb
weiterer Sicherheit im Skiff und der erhöhten Vertrautheit mit dem
Gerät sowie der Auflockerung des Anfängerunterrichts. Sie sind
also nicht in einem Block in einer Übungsstunde ‹durchzunehmen›.
Mit dem Ausbildungsstand, der normalerweise um die fünfte Un-

Blätter frei vom Wasser balancieren – ‹Fliegen›

terrichtsstunde erreicht ist, ist es möglich, die ‹kleinen Kunststücke›
in die Ausbildung einzubringen.

Wir sitzen in der Sicherheitsstellung im Boot. Die Innenhebel werden vor die Knie geschoben. Dann drücken wir beide Innenhebel
tief ins Boot, so daß beide Blätter gleichzeitig vom Wasser abheben.
Wir versuchen, in dieser Position möglichst lange zu balancieren,
ohne daß ein Blatt zum Abstützen genommen werden muß. Man
nennt diese Übung auch *‹Fliegen›*.

Zu Anfang können wir das Boot nur wenige Sekunden in der
Balance halten. Aber die Kinder im Geschicklichkeitsalter lernen
schnell, das Skiff ohne Blattstütze zu balancieren, und erreichen
schnell Werte von über einer Minute. Der bisher bei uns gemessene
Bestwert betrug über fünf Minuten. Bei dieser Übung ist übrigens
der Kleinste in der Gruppe einmal ohne Benachteiligung, während
er beim Schnellfahren bald erfährt, daß gute Ruderleistungen mit
hoher Körpergröße leichter zu erreichen sind. Häufig ist der Kleinste aber sehr geschickt und kann in dieser Übung Gruppenbester
werden, selbst im Vergleich zum Lehrer.

Wenn die Mehrzahl der Schüler beim ‹einfachen Fliegen› Werte von
über einer Minute erreicht, wird die Geschicklichkeitsübung zu
einem Ausdauertest im Stillsitzen. Man sollte dann den Schwierig-

Erschwerte Form des ‹Fliegens›

keitsgrad steigern, um wieder die Geschicklichkeit der Kinder her-
auszufordern. Wer kann die Übung ‹Fliegen› denn im Stehen? – Die
akrobatische Übung *‹Fliegen im Stehen›* wird vielleicht nicht von
allen Teilnehmern erreicht. Sie zu probieren, kann bei sauberem,
badewarmem Wasser trotzdem großen Spaß bereiten.
Folgende Variante des ‹Fliegens› ist etwas leichter und hat einen
großen Nutzwert: Wir fahren fünf kräftige Schläge voraus, heben
sauber und gleichzeitig auf beiden Bordseiten die Skulls aus dem
Wasser. Wir lassen die Blätter frei vom Wasser und gleiten so weit
wie möglich, ohne die Blattstütze zu benutzen. Wer beim *‹Fliegen
auf Weite›* gute Werte erreicht, zeigt, daß er wichtige Punkte der
Ruderleistung gut beherrscht: Er muß bei den Beschleunigungs-
schlägen kräftige Wasserarbeit leisten, sauber und gleichzeitig auf
beiden Bordseiten ausheben und in der Gleitphase recht lange
balancieren können.
Nicht alle hier aufgeführten Übungen müssen in der fünften Stunde
probiert werden. Die zuletzt beschriebene Übung ist in dem Augenblick besonders sinnvoll, wenn wir beim Vorwärtsrudern zum *freien
Scheren* übergehen, das heißt die Blätter beim In-die-Auslage-
Gehen frei vom Wasser führen wollen. Dies kann ab der fünften
Stunde angestrebt werden und sollte bis zur zehnten Stunde von
allen probiert worden sein.

Eine andere Übung, die die Geschicklichkeit herausfordert: im Skiff die Skulls längsseits nehmen und sie dann loslassen. Wir probieren es zunächst mit *einem* Skull. Das ist gar nicht schwer, da wir auf der anderen Bordseite eine Blattstütze behalten. Danach probieren wir es auf *beiden Seiten*. Das ist eine sehr wackelige und riskante Lage. Wer dabei eine Ausgleichsbewegung etwas forsch ausführt, kann ein Bad kaum vermeiden. Damit ist der Spaß in der Gruppe bei dieser Übung garantiert, vor allem, wenn der Lehrer mitmacht.

Damit auch die Geschicktesten einmal echt gefordert werden, steigern wir den Schwierigkeitsgrad: Wer kann die Skulls längsseits nehmen, die Innenhebel loslassen und sich dann im Skiff hinstellen? – Ein anderer probiert es vielleicht in der Reihenfolge, sich erst hinzustellen und dann die Skulls längsseits zu nehmen.

Die nächste Übung bei den ‹kleinen Kunststücken› hat einen hohen praktischen Wert: das Einsteigen in das gekenterte Skiff vom Wasser aus. Wenn das Skiff nach dem Kentern kielunten im Wasser treibt, schwimmen wir auf Höhe des Einsteigbretts seitlich an das Skiff heran, drehen die Skulls senkrecht zur Bordwand und legen die Blätter flach auf das Wasser. Durch eine kräftig ausgeführte Beingrätsche und ein gleichzeitiges Aufstützen mit einer Hand am Boot heben wir den Oberkörper weit aus dem Wasser und legen uns über das Skiff. Wir sichern das Skiff vor dem erneuten Kentern durch die Blattstütze auf beiden Seiten, indem wir die Innenhebel beide mit einer Hand fest zusammenhalten.

Wenn wir uns bemühen, in die Sitzposition im Boot zu gelangen, müssen wir sehr behutsam vorgehen, einmal um das Gleichgewicht zu behalten, zum anderen um keine Beschädigungen zu verursachen. Rollsitz und Stemmbrett können eben nicht in jeder Belastungsform das ganze Körpergewicht tragen.

Diese Art des Wiedereinsteigens setzt die Benutzung von Kunststoffbooten voraus. Bei Booten mit einem Waschbord aus Holz ist die Gefahr von Bootsschäden sehr groß.

Schwimmt das Skiff nach dem Kentern kieloben, muß es natürlich erst mit dem Kiel nach unten gedreht werden, bevor wir mit den Einsteigeversuchen anfangen. Beim Drehen im Wasser muß man besonders darauf achten, daß nicht die Dollen verbogen werden, wenn die Skulls in den Dollen verbleiben.

Beim Kentern in Stegnähe wird man meist mit dem Boot im Schlepp

Ein Skull langnehmen

Beide Skulls langnehmen . . .

. . . und dann hinstellen

Oben:
Skulls senkrecht zur Bordwand drehen, Blätter flach auf das Wasser legen

Oben rechts:
Aufstützen

Mitte:
Oberkörper in das Boot bringen

Unten rechts:
Vorsichtig an Bord klettern

Unten:
Hinsetzen – fertig zur Weiterfahrt

Auch ein Kopfstand wird versucht

zum Steg schwimmen und dort wieder einsteigen. Es geht schneller und schont das Gerät. Andererseits stellen wir fest, daß Kinder, die den Wiedereinstieg in ein Skiff aus der Schwimmlage beherrschen, sich auf einer Ausfahrt im Boot viel sicherer fühlen. Außerdem verursachen Kinder erfahrungsgemäß beim Einsteigen im tiefen Wasser selten einen Bootsschaden.
Geschickte Kinder suchen geradezu nach neuen Kunststücken im Boot. So probieren sie auch einen Kopfstand.

Spielerische Wettkämpfe

In der fünften und sechsten Übungsstunde haben wir mit der Ausfahrt und den ‹kleinen Kunststücken› die erlernten Manöver erprobt und die Sicherheit im Umgang mit dem Skiff erhöht. Wir haben außerdem die erlernten Fertigkeiten in der Einzelkorrektur verbessert und durch Wiederholungen gefestigt. Wir unterteilen jetzt den Lernkurs in mehrere Kleingruppen. Je nach Könnensstand kann man einige der folgenden kleinen Wettkämpfe anbieten.
● Wer kann beim Vorwärtsrudern über fünfzig Schläge einen Zielpunkt genau ansteuern?

Wir richten unser Skiff in der Ruhelage genau auf einen Zielpunkt aus. Wir müssen nach dem Anfahren gleichmäßig auf beiden Bordseiten rudern. Wir suchen uns über Heck zwei Peilpunkte, die genau hintereinander liegen. Wir kontrollieren nun, ob diese Punkte und unser Heck immer auf einer Linie bleiben.

Tip: Ein geschickter Einerfahrer sieht am ablaufenden Heckwasser, wenn sein Skiff aus dem Kurs läuft. Er korrigiert durch stärkeres Ziehen sofort den Kurs, bevor das Boot in einen Schlangenlinienkurs gerät. Das Umsehen zum Bug braucht er nur noch, um sich zu vergewissern, daß das Fahrwasser vor dem Bug frei ist.

- Wer kann beim Rückwärtsrudern über zwanzig Schläge einen Zielpunkt genau ansteuern?

Wir richten unser Skiff vor dem Anfahren gut auf den Zielpunkt aus, suchen uns dahinter einen zweiten Peilpunkt und können nun den Kurs sehr einfach kontrollieren.

Tip: Ein geschickter Einerfahrer korrigiert seinen Kurs nach einer ungewollten Abweichung nicht durch Bremsen in der Phase des Blattschleifens, sondern durch etwas härtere Ruderarbeit auf der Gegenseite während des Rückwärtsschlags.

- Wer kann eine Strecke von 100 m im Vorwärtsrudern mit den wenigsten Schlägen fahren?

Wer den geraden Kurs nicht verliert, fährt den kürzesten Weg. Wer kraftvolle, lange Wasserarbeit fahren kann, wird unter denen sein, die die wenigsten Schläge gebraucht haben.

Dieser Wettkampf erzieht zur richtigen Feinform des Skullens.

- Wer kann eine Strecke von 50 m im Rückwärtsrudern mit den wenigsten Schlägen zurücklegen?

Wer auch beim Rückwärtsrudern Kurs halten kann und keine Schlangenlinien fährt, findet den kürzesten Weg. Wer die richtige Blattlage so schnell findet, daß er bei jedem Schlag fast in der ganzen Länge vollen Druck fahren kann, und dazu den Rollweg ganz ausnutzt, wird in der Teilgruppe landen, die wenig Schläge für die 50 m braucht. Das Erreichen des Sollwerts ‹Feinform› des Rückwärtsruderns wird mit diesem Wettkampf gefördert.

- Wer kann mit der geringsten Zahl von Schlägen drei Kreise mit einer Wende über Backbord (Steuerbord) fahren?

Bei diesem Leistungsvergleich wollen wir darauf achten, daß in der Startposition alle beteiligten Boote parallel liegen, zum Beispiel alle Skiffs mit dem Heck zum Ufer. Nur nach genauer Fixierung der

Ausgangsposition hat die Feststellung der Endposition einen Sinn, durch die der Sieger und die Rangplätze gerecht ermittelt werden.

● Wer kann folgende Kombination mit den wenigsten Schlägen fahren: 50 m rückwärts rudern, drei volle Kreise über Backbord (Steuerbord) wenden, mit Vorwärtsrudern zurück zur Startposition?

Es sind natürlich auch Zweierkombinationen Vorwärtsrudern mit Rückwärtsrudern oder Vorwärtsrudern mit Wende oder Rückwärtsrudern mit Wende durchführbar. Mit diesen Kombinationen können wir, nachdem die lange, kraftvolle Ruderarbeit erreicht ist, auch zu Geschwindigkeitswettbewerben übergehen.

Die verschiedenen Kombinationen sind als Wettkämpfe mit Zeitkontrolle durchführbar. Grundsatz sollte sein: nicht zu früh Zeitwettbewerbe fahren, weil der Zeitdruck häufig zu einer Scheinoptimierung der Rudertechnik mit viel zu kurzen Schlägen führt.

Der Sinn dieser kleinen Wettkämpfe liegt im spielerischen Erwerb einer größeren Sicherheit bei der Anwendung von Manövern. Es handelt sich nicht um eigentliche Wettkämpfe, für die ‹trainiert› wird. Diese sind erst in einem späteren Stadium des Ausbildungsprogramms vorgesehen.

Ein wichtiges Prinzip bei der Organisation aller kleinen Wettkämpfe ist, daß der Schüler seine Schläge selbst zählt, ohne sich selbst zu betrügen.

Ein sportliches Abschlußfest

Für die neunte oder zehnte Unterrichtsstunde unseres Lernkurses nehmen wir uns etwas Besonderes vor. Wir laden unsere Eltern, Geschwister und Freunde zum sportlichen Abschlußfest ein. Hier wollen wir allen zeigen, daß wir unser Skiff schon gut beherrschen und einen Slalomkurs mit vorgeschriebenen Manövern bewältigen können.

Mit folgendem Kurs prüfen wir die Beherrschung der erlernten Manöver im Skiff: von der Startlinie vorwärts rudern zum Tor 1, das schmale Tor mit einem halben ‹Skulls Langnehmen› passieren, eine Wende über Steuerbord, bei der wir nach einem vollen Kreis noch so weit weiterdrehen, bis das Heck wieder auf die Torlinie 2 zeigt. Bis

Zielgenau wird das Slalomtor getroffen

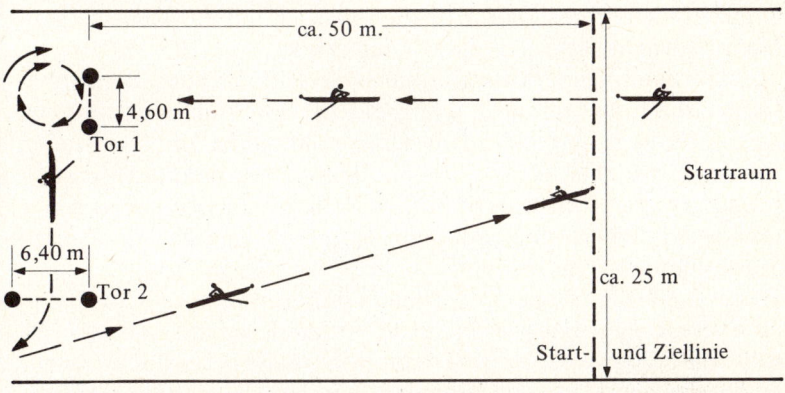

zum Tor 2 rückwärts rudern und dieses etwas breitere Tor in der Mitte zwischen den beiden Tonnen passieren. Danach mit einer Wende um 90 Grad die Bugspitze Richtung Startlinie drehen und die letzte Strecke vorwärts rudern (siehe *Abbildung*).

Einige organisatorische Hinweise: Das Tor 1 soll so schmal ausgelegt sein, daß die Skulls in der Vorwärtsfahrt etwa bis auf einen Winkel von 45 Grad heckwärts lang genommen werden müssen. Beim Auslegen der Tonnen legt man dazu ein Skiff in der Sicherheitsstellung so hin, daß die Skulls genau auf der Torlinie liegen. Die Länge der Torlinie wird so gewählt, daß sie vom Skullhals auf Backbord bis zum Skullhals auf Steuerbord reicht.

Tor 2, das in Rückwärtsfahrt durchfahren wird, muß breiter sein. Beim Auslegen der Tonnen legt man wieder ein Skiff in der Sicherheitsstellung so ins Tor, daß die Skulls auf der Torlinie sind. Jetzt soll die Länge der Torlinie so bemessen werden, daß die Entfernung von Blattende Steuerbord bis Blattende Backbord auf jeder Seite um eine Blattlänge verlängert werden muß.

Die Markierungstonnen sollen aus weichem Material sein, damit die Skullblätter nicht beschädigt werden. Geeignet sind luftgefüllte Ankertonnen aus Plastik oder große Reklamebälle aus Gummi. Die benutzten Tonnen müssen so hoch sein, daß ein Überheben mit den Skulls nicht möglich ist. Bei solchen Tonnen braucht man keine Torrichter, die entscheiden, ob das Boot die Torlinie auch wirklich passiert hat. – Bei kleinen Styroporstücken mit Mauersteinanker zum Beispiel gibt es häufig strittige Fälle, wenn der Ruderer sein Boot seitlich über die Tormarkierung drückt.

Das Wettkampfgericht kann in unserem Fall aus einer Person bestehen, die zugleich Starter und Zielrichter ist. Man kann natürlich auch die Eltern und andere Zuschauer aktivieren und Funktionen des Kampfgerichts auf sie verteilen. Benötigt werden zur Durchführung des Slaloms mit einer Bahn sechs Markierungsbojen von ausreichender Höhe, eine Stoppuhr, eventuell eine Zielglocke und Startnummern.

Wenn die Kinder ihren ersten Slalom fahren, muß man dem Erläutern des richtigen Fahrwegs sehr viel Aufmerksamkeit schenken. Es sollte eine Skizze an eine Tafel oder in den Sand gezeichnet werden, an der die Teilnehmer nachschauen können, wie der Kurs verläuft. Außerdem sollen ein oder zwei ‹Vorläufer› den richtigen Weg vorfahren, wobei alle Teilnehmer dieses von Land aus gut beobachten sollten. Die Aufregung ist für die Erststarter groß, und die Tränen fließen, wenn der mögliche Sieg verpatzt wurde, nur weil die Fortsetzung des Wegs nicht klar war.

Man kann auch für jedes Kind einen Probelauf vorsehen. Man sollte als Spielleiter allerdings beachten, daß die Kinder alle nacheinander durch die Slalomstrecke fahren. Daher benötigt man bei größeren Gruppen sehr viel Zeit für einen Durchgang.

Hat man genügend Wasserfläche und genügend Tonnen, kann man natürlich auch zwei oder mehr gleichwertige Parallelbahnen aufbauen und so Zeit einsparen. – Übrigens stellt der hier in der Abbildung (Seite 89) vorgestellte Slalomkurs nur eine Möglichkeit dar. Man kann den Verlauf beliebig variieren, eventuell unter Einschluß von natürlichen Hindernissen. Unser Vorschlag hat den Vorteil, daß er genau die Fertigkeiten bei der Bewältigung verlangt, die im Lernkurs geschult wurden. Der Slalom ist dazu noch relativ schnell aufzubauen.

Bei der Vorbereitung sollte man nicht vergessen, Startnummern auszugeben. Das erleichtert die Führung des Ergebnisprotokolls, besonders wenn Positionen im Wettkampfgericht mit Personen besetzt sind, die nur beim Abschlußfest dabei sind und somit die Teilnehmer nicht namentlich kennen.

Zum Schluß findet eine zünftige Siegerehrung statt. Eigentlich haben alle gewonnen; denn alle haben gezeigt, daß sie schon in der neunten oder zehnten Übungsstunde in der Lage sind, ihr Skiff in allen Manövern zu beherrschen. Wenn wirklich einmal einer beim Wettkampf kentert, so sollte er am Schluß eine weitere Startchance erhalten. Man kann schließlich alle mit einem Preis auszeichnen, sollte aber nicht übersehen, daß in diesem Alter das Ermitteln des Besten eine natürliche Sache ist. So sollte der erste vielleicht mit einer dickeren Tafel Schokolade belohnt werden.

Eine Tagesfahrt

Als Ergänzung oder Alternative zum Abschlußfest mit Slalom kann man auch eine Tagesfahrt durchführen.

Auf der kleinen Wanderfahrt benutzen wir Gig-Doppelzweier mit Steuermann. Die Teilnehmer aus dem Lernkurs im Einer fahren zum erstenmal im Mannschaftsboot. Für den Ruderlehrer ist es immer wieder überraschend festzustellen, wie schnell die Schüler auch im Mannschaftsboot mit der Rudertechnik zurechtkommen. Da die intraindividuellen Schaltkreise zur Regelung und Steuerung der Bewegung unter Bedingungen mit optimalem *feedback* und präziser Fehlanzeige im schmalen Einer aufgebaut sind, kann der Schüler die volle Aufmerksamkeit auf die *Synchronisation* seiner Bewegung mit dem *Schlagmann* richten. So können sich schnell auch interindividuelle Regelkreise aufbauen, und es kann ein Mannschaftsrhythmus für die Ruderbewegung entstehen.

Das Gelingen dieses Experiments gibt die Bestätigung, daß exemplarisches Lernen im Rudern mit diesem Lehrweg möglich ist und daß wir einen schnellen Weg zur Einführung ins Rudern gefunden haben. Die Schüler beherrschen nach zehn Übungsstunden nicht nur den Einer, sondern haben sich auch die anderen Bootsgattungen erschlossen.

Diese Aussage gilt zunächst für alle Skullbootsgattungen, in denen das Fahrten- und Wanderrudern stattfindet. Für den Übergang zu den Riemenbootsgattungen sind bei der Ergänzung des Skiffkurses durch den Zweier ohne Steuermann (vgl. Seite 101–104) und im Kapitel «Rennrudern» nähere Angaben gemacht (vgl. Seite 161).

Fehler und Korrekturhinweise

Handgelenkknick

Ein Fehler, der im Lehrgang Skiff häufig in den ersten Stunden auftaucht, ist der Handgelenkknick. Hier ist das Handgelenk im Durchzug nach oben abgeknickt – statt in der geraden Position. Die Unterarmmuskulatur wird unnötig stark angestrengt, wenn sie bei der Belastung in der Zugphase den Winkel im Handgelenk fixieren soll. Auch einen schweren Koffer trägt man nicht mit abgeknicktem Handgelenk. Man spürt diesen Handgelenkknick bereits nach einigen Kilometern. Die Unterarmmuskulatur verkrampft und wird hart.

Im Anfängerunterricht werden sehr häufig Pausen eingelegt, so daß eine Selbstregulierung wenig wirksam wird. Deshalb muß der Ruderlehrer mit einer Verbalkorrektur eingreifen; denn ein längeres Fahren mit falscher Handgelenkstellung verfestigt den Fehler, und diese Überlastung kann zu einer Sehnenscheidenentzündung führen.

Im Durchzug soll das Handgelenk ge-   **Fehler:** der Knick im Handgelenk
streckt sein   läßt die Unterarmmuskulatur ver-
                                        krampfen!

Zwei Hinweise: 1. In den allerersten Stunden, in denen der Anfänger häufig aus der Sicherheitsstellung mit flach liegenden Blättern
startet, ist zu beachten, daß das Handgelenk nach dem Aufkanten
für den Durchzug zu hoch liegt und daher das Handgelenk nach dem
Senkrechtstellen des Blatts nachrutschen soll, bis der Handrücken
mit dem Unterarm eine Linie bildet.
2. In späteren Übungsstunden, wenn sich der Ruderanfänger auch
mit senkrecht stehenden Blättern sicher fühlt, sollte häufig aus der
Endzugstellung – noch mit senkrechtem Blatt und geradem Handgelenk – begonnen werden. Nach dem Abdrehen des Blatts liegt das
Handgelenk in der Gleitphase des Blatts tiefer, und nach dem
Aufdrehen in der Auslage ist die Handgelenkstellung wieder
gerade.

‹Kisteschieben›

Ein Fehler, der bei den ersten längeren Ausfahrten häufig auftaucht, ist das sogenannte ‹Kisteschieben›. Hierbei ist die Bein- und
Rumpfarbeit nicht richtig aufeinander abgestimmt (richtige Kopplung vgl. Seite 24–25). Der Rollsitz wird zu früh zum Bug gestoßen,
indem die Beine gestreckt werden, ohne daß die Stoßkraft der

Richtige Kopplung von Rumpf- und   **Fehler:** ‹Kisteschieben›, die Stoßkraft
Beinarbeit   der Beine geht ins Leere!

Beinstrecker über den Rumpf und die Arme auf die Skulls übertragen wird. Die Stoßkraft der Beine, des stärksten Antriebsmotors,
verpufft wirkungslos.

Der Fehler ‹Kisteschieben› kommt relativ häufig vor. Hier wirkt das
nicht gewünschte *positive feedback* im Lernprozeß, das heißt, der
Schüler erkennt das ‹Kisteschieben› nicht als unzweckmäßige Lösung. Dieser Fehler verstärkt sich in der Ausprägung beim Üben
ohne Eingriff von außen, anders als beim negativen *feedback*, wo
sich der Fehler durch Selbstregulierung in einem lernfähigen System verkleinert.

Beim Fehler ‹Kisteschieben› ist das Eingreifen des Lehrers durch
Verbalkorrektur besonders wichtig. Dabei sollte er die Korrekturanweisungen wechseln: «Kontrolliere, ob du das Druckaufnehmen
am Blatt in den Zehenspitzen am Stemmbrett spüren kannst. Wenn
nicht, dann bist du der Überwindung des Widerstands durch ‹Kisteschieben› ausgewichen!» «Im Anriß den Rollsitz einen Augenblick
festhalten, dann erst losrollen!» «Erst aufrichten, dann kommt der
Beinstoß!», oder: «Setz die Schultern zu Anfang des Durchzugs
ein!»

Wenn der Schüler nach häufiger Aufforderung mit den gleichen
Worten den Fehler nicht abstellt, sollte man eine andere Form der
Aufforderung suchen.

Der Fehler ‹Kisteschieben› kann verschiedene Ursachen haben:
1. Die Skullänge ist für die Kinder zu groß gewählt. Der Druck ist zu hart, so daß der Schüler mit der ‹Fehlerlösung› dem zu harten Druck ausweicht. – Korrektur: Die Skullänge kindgerecht wählen.
2. Die Rückenmuskulatur ist im individuellen Fall nicht stark genug, obwohl der Druck altersgerecht gewählt ist. Die *Kraftkette*, die über die Rückenmuskulatur läuft, gibt an der schwächsten Stelle nach. – Korrektur: langfristig gezieltes Training zur Stärkung der Rückenmuskulatur einsetzen, kurzfristig noch kürzere Skulls nehmen.
3. Die Schüler haben eine falsche *Bewegungsvorstellung*. Dann – und nur dann – hilft die oben angegebene Verbalkorrektur.

Die Ursachen stehen auch in Wechselbeziehung zueinander. In vielen Fällen ist es so, daß der Fehler ‹Kisteschieben› bei kurzen Fahrten durch verstärkten Kraftaufwand kompensiert wird. Erst durch die Ermüdung auf langer Fahrt wird der Fehler sichtbar. Auf längeren Ausfahrten besteht daher die erhöhte Gefahr, daß ein falscher Bewegungsablauf automatisiert wird.

Variationen des Lehrwegs Skiff

Unterrichtsbeginn bei tiefem Wasser

Haben wir keinen flachen Sandstrand zur Verfügung oder ist das Wasser zu kalt, um im Wasser stehend den Kurs beginnen zu können, dann starten wir vom Steg aus. Dies dürfte die äußere Situation an den meisten Bootshäusern sein. Wir haben lediglich eine andere Ausgangsposition; der Unterricht läuft aber ansonsten, wie im Lehrprogramm beschrieben.
Wir tragen die Jugendskiffs zu zweit an den Bootssteg und setzen die Boote parallel zur Stegkante ein. *Vorher* haben wir an der vorgesehenen Einsatzstelle die Skulls deponiert, damit wir zügig ablegen können, wenn das Boot da ist.
Wir legen als erstes das *landseitige* Skull in die Dolle, damit das Skiff mit dem belasteten Ausleger am Steg liegen bleibt und nicht wegtreibt, und drehen den Verschlußbügel an der landseitigen Dolle gut

Einsetzen eines Skiffs am Steg

Einsteigen am Steg mit Partnerhilfe

zu. Danach legen wir das *stegferne* Skull ein. Wie beim Einsteigen
im flachen Wasser fassen wir beide Skulls mit einer Hand, und zwar
mit der stegfernen Hand, und setzen den äußeren Fuß auf das
Einsteigbrett. Mit der anderen Hand halten wir uns am Ausleger
fest und nehmen mit einer einbeinigen Kniebeuge auf dem Rollsitz
Platz. Der stegnahe Fuß wird nachgezogen und sofort auf das
Stemmbrett gesetzt; der äußere Fuß folgt nach dem Hinsetzen.
Danach sichern wir den stegfernen Verschlußbügel.
Unser Partner hat bisher das Skiff zur Sicherheit am Ausleger

festgehalten. Der Ruderlehrer überprüft am Steg, ob die Stemmbretteinstellung richtig ist (vgl. Seite 52), und läßt gegebenenfalls das Stemmbrett verstellen. Dann wird der Ruderanfänger vom Ruderlehrer oder vom Partner vorsichtig auf das Wasser hinausgeschoben. Er nimmt die Sicherheitsstellung ein, und der Unterricht wird in den beschriebenen Lernschritten 1 bis 8 durchgeführt.

Unterrichtsbeginn bei gelegentlichem Schiffsverkehr

Wenn durch gelegentlichen Schiffsverkehr im Übungsrevier der Unterrichtsbeginn auf dem freien Wasser zu gefährlich wird, dann ist es sinnvoll, eine Erprobungsphase mit Sicherung des Skiffs am Steg vorzuschalten. Der Anfänger kann nach dieser Phase im Bedarfsfall der Schiffahrt mit einfachen Manövern – wie einseitigem Skullen – Platz machen. Diese Vorschaltstufe zur ersten Gewöhnung an das Skiff mit Sicherung am Steg kann auch sinnvoll oder notwendig sein, wenn die Wassertemperatur zum Baden zu niedrig ist, die Schüler ängstlich oder schon aus dem Geschicklichkeitsalter heraus sind.

Bei diesem Lehrweg unterteilen wir den Kurs in Zweiergruppen. Die Übungspaare helfen sich jetzt nicht nur beim Zuwasserbringen des Geräts, sondern übernehmen in der ersten Stunde auch wechselseitig das Festhalten des Boots am Steg. Nach dem Einsetzen des Boots, dem Einlegen der Skulls, der Sicherung der Verschlußbügel und dem Einstellen des Stemmbretts dreht der Helfer das Skiff senkrecht zur Stegkante und hält das Boot am Heck fest. Der Schüler sitzt in der Sicherheitsstellung im Boot und beginnt mit den Balanceübungen.

Es folgt jetzt der komplette Lehrweg, wie er für das freie Wasser angegeben wurde:

1. Balanceübungen zur Gewöhnung an die neue Situation, dabei durch Probieren den Bewegungsraum erkunden und durch Erfahrung Sicherheit gewinnen, bis eventuell vorhandene Angst ‹weggespielt› ist.

2. Erfühlen der Blattlage ohne Flachdrehen des Blatts, zuerst auf Backbord, danach auf Steuerbord. – Die Gegenseite beim Üben nicht vergessen.

3. Danach kommt das Flachdrehen des Blatts hinzu – wiederum zuerst auf Backbord, dann auf Steuerbord.

Unterricht im Skiff mit Festhalten des Hecks am Steg

4. Danach folgt das Erfühlen der Blattlage mit Flachdrehen auf beiden Seiten gleichzeitig.

Bei den Übungen mit Sicherung des Skiffs gibt der Partner durch das Festhalten einerseits dem Übenden Sicherheit; andererseits soll er nur so stark halten, daß eine Reaktion des Skiffs auf einen Bewegungsversuch noch möglich ist und damit auch die Anzeige eines Fehlers. Der Partner muß der Reaktion des Boots gefühlvoll nachgeben.

Nach etwa einer halben Stunde tauschen die Schüler die Rollen. Der zweite Neuling, der jetzt im Skiff sitzt, spielt nun genauso alle Übungen von Lernschritt 1 bis 4 durch.

Wenn am Ende der Übungsstunde das Übungsrevier gerade frei von Gefahr durch vorbeifahrende Schiffe ist, kann man bei der letzten Übung, dem Vorwärtsrudern, nach Vorankündigung schon die Fixierung am Steg lösen. Der Übende fährt jetzt mit der erworbenen Erfahrung ein kleines Stück auf das Wasser hinaus, dreht das Boot mit einseitiger Ruderarbeit wieder Richtung Steg und wird dort von seinem Partner in Empfang genommen.

In der nächsten Übungsstunde kommt derjenige aus dem Übungspaar zuerst ins Boot, der in der ersten Stunde noch nicht auf dem freien Wasser war. Er wiederholt bei Fixierung des Skiffs am Steg kurz alle Übungen und wird nach zehn Minuten auf das freie Wasser geschickt. Die an Land verbleibenden Schüler helfen sich gegenseitig beim Zuwasserbringen weiterer Skiffs und gliedern sich nacheinander in die Übungsgruppe auf dem Wasser ein. Der Ruderlehrer versucht jetzt – am besten auch im Einer –, mit der ganzen Übungsgruppe eine ruhige Stelle des Ruderreviers zu erreichen, in der die Gruppe, vom Schiffsverkehr möglichst ungestört, üben kann.

Hier kann der Lehrweg in den beschriebenen Lernschritten 1 bis 5 ablaufen; das Wiederholen der Balanceübungen gibt noch mehr Sicherheit. Es folgt das Erfühlen der Blattlage. Das Vorwärtsrudern wird durch Wiederholung gefestigt. In einer späteren Übungsstunde folgen das Rückwärtsrudern und die Wende.

Unterrichtsbeginn bei leichter Strömung

Wenn durch leichte Strömung unmittelbar vor dem Steg der Unterrichtsbeginn auf dem freien Wasser gefährlich ist, dann versucht man, in gesicherter Position die ersten Bewegungserfahrungen zu sammeln, um das Boot danach in der Strömung manövrieren zu können.

Wir können in diesem Fall ebenfalls den Unterricht mit Sicherung am Heck beginnen. Es taucht aber folgende Schwierigkeit auf: Die Strömung verläuft gewöhnlich parallel zum Bootssteg. Der Helfer kann sehr schwer das Skiff mit dem Übenden senkrecht zur Stegkante halten. Gewöhnlich kann man an einer Brücke das Skiff nur so halten, daß man es an die Brückennock zieht und dort in Stromrichtung ausschwenken läßt (siehe *Abbildung*).

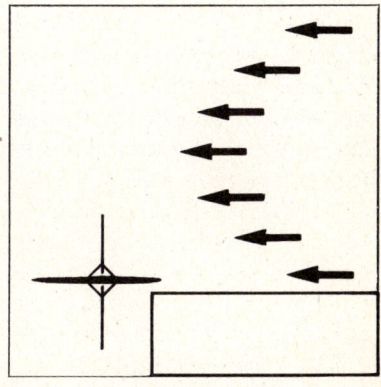

Unterricht im Skiff mit Sicherung durch eine Leine

In diesem Fall ist also ein Gruppenunterricht in der ersten Übungsstunde schwierig durchzuführen. Man kann sich helfen, indem man
für die ersten Übungen die Neulerner in Halbstundenabständen
nacheinander bestellt.
Eine andere Möglichkeit der Sicherung ist der Unterricht an der
langen Leine. Es werden die beschriebenen Lernschritte 1 bis 7
geschult. – Entsprechend den örtlichen Gegebenheiten muß der
Ruderlehrer entscheiden. Er kann den Unterricht mit Fixierung am
Steg beginnen, an der Leine fortsetzen oder direkt an der Leine
beginnen.
Bei stärkerer Strömung oder bei starkem Schiffsverkehr sind dagegen beide Varianten nicht brauchbar. Dann ist der Anfängerunterricht auf ein anderes Übungsgewässer zu verlagern, oder es wird
eine Vorschulung durch Unterricht in der Mannschaftsgig notwendig (vgl. Seite 118–130).

Synchronisation der Ruderarbeit

Mit der Teilnahme am Abschlußslalom haben die Schüler bewiesen, daß sie den Einer beherrschen. Der Lehrweg im Einer ist kurz, weil im Lernprozeß die ‹Störgröße Partner› fehlt. Deshalb kann in diesem Lehrweg nicht die Synchronisation der Ruderarbeit mit anderen Ruderern geschult werden.

In der abschließenden größeren Ausfahrt im breiten Gig-Doppelzweier mit Steuermann oder im Gig-Doppelvierer mit Steuermann gelingt es dennoch den meisten Schülern sehr schnell, sich dem Rhythmus des Schlagmanns anzupassen. Wir erklären diese Beobachtung dadurch, daß erstens bei gut eingeschliffenen intraindividuellen Regelkreisen in der Beherrschung des Ruderschlags die ‹Aufstockung› zu interindividuellen Regelungen beim Aufbau des Mannschaftsrhythmus leicht möglich ist. Denn der Schüler kann die Aufmerksamkeit voll auf die Übernahme des Ruderrhythmus vom Schlagmann lenken. Der übrige Teil des Bewegungsablaufs läuft wie im Einer erlernt ab.

Zweitens führen wir das schnelle Gelingen der Ruderarbeit in der Mannschaftsgig nicht zuletzt darauf zurück, daß die Anforderungen an die Genauigkeit der Synchronisation in dem breiten Boot nicht sehr hoch sind. Gehen wir nämlich mit unseren Lernkursteilnehmern auf dem Niveau der Grobform des Ruderschlags im Einer in ein schmales Mannschaftsrennboot, so gibt es zumindest zu Beginn Balancestörungen, weil die Synchronisation nicht exakt genug klappt. Wenn zum Beispiel im Achter auf ein oder zwei Ruderplätzen auf Steuerbord die Blätter in der Auslage zu spät eingesetzt werden, dann wird sich das Boot durch den stärkeren Druck an allen vier Dollen auf der Gegenseite im Anriß kurz nach Steuerbord neigen. Im Achter oder Vierer ist diese Balancestörung nun schwerer einer Ursache zuzuordnen als im Zweier, weil mehrere Personen als Verursacher in Frage kommen.

Lernschritt 9: Synchronisation der Ruderarbeit im Zweier ohne Steuermann
Am leichtesten läßt sich die Synchronisation im Zweier schulen. Der Zweier, als schmalste Bootsgattung nach dem Skiff, reagiert am empfindlichsten von allen Mannschaftsbooten. Wir benutzen zur Schulung der Zusammenarbeit im Mannschaftsboot den Riemen-

Unterricht im Zweier ohne Steuermann – Sicherheitsstellung

zweier (zum technischen Ablauf vgl. die «Bewegungsbeschreibung Riemenrudern», Seite 34–41).

Auch der Zweier kann als *kybernetische Lernmaschine* arbeiten. Setzt zum Beispiel der Bugmann auf Steuerbord das Blatt zu spät ein oder nimmt er zu langsam Druck auf, so wird durch den etwas früheren oder etwas härteren Druck, der durch das (richtige) scharfe Druckaufnehmen des Schlagmanns an der Backborddolle entsteht, das Boot auf Backbord hochgedrückt. Der Bugmann kommt jetzt, da die Dolle auf seiner Seite zu tief liegt, schlecht mit dem Einsetzen zurecht. Durch ein negatives *feedback* wird also ein Fehler in der exakten Synchronisation der Bewegung aufgedeckt.

Um durch einen Prozeß der Selbstregulierung den Fehler abzubauen, braucht der Schüler die Bewegungserfahrung aus dem Einer, die besagt, daß er durch scharfes Druckaufnehmen auf einer Bordseite die Dolle nach oben und damit das Boot zur anderen Seite drücken kann. Diese Selbstregulierung klappt im Mannschaftsboot nicht so sicher wie im Einer. Der Bugmann könnte im oben gewählten Beispiel versuchen, die leichte Bootsneigung nach Steuerbord im Anriß durch ein Hinüberlegen des Oberkörpers nach Backbord auszugleichen. Damit würde er den Fehler der zu späten Druckaufnahme durch einen zweiten Fehler, nämlich Schwingen des Ober-

Ruderanfänger nach acht Skiff-Übungsstunden im Achter – über den exemplarischen Unterricht im Einer werden andere Bootsgattungen erschlossen.

körpers nach Backbord mit der Absicht, die schiefe Bootslage zur Backbordseite hin zu korrigieren, aufheben. Da in dem lernfähigen System jetzt nicht nur die Reaktion eines Schülers, sondern auch die des Partners verarbeitet werden muß, ist zum Erreichen einer vernünftigen Regelung eine Beobachtung und Beurteilung durch den Trainer notwendig.

Einerseits ist die ergänzende Korrektur durch den Trainer wichtig; andererseits ist die Anzeige eines minimalen Fehlers wie verspätete Druckaufnahme mit einer Differenz von Bruchteilen von Sekunden auf Backbord und Steuerbord durch den Zweier präziser und schneller möglich als durch den Ruderlehrer. Zum Erreichen der optimalen Synchronisation ist daher die beste Ergänzung des Ruderunterrichts im Skiff der Unterricht im schmalen Zweier ohne Steuermann.

Ein Bedenken muß angesprochen werden: Ein Unterricht im Zweier ohne Steuermann bedeutet für unsere eventuell noch sehr jungen Ruderschüler, im Riemenboot zu rudern. Wegen der asymmetrischen Belastung der Wirbelsäule muß aus orthopädischer Sicht auf die Gefahr einer Veränderung der noch nicht genügend gefestigten Wirbelsäule hingewiesen werden, die zu einer Ruderskoliose führen kann. Diese Gefahr ist gegeben, wenn ein Jugendlicher Tausende von Ruderkilometern – und diese eventuell in einer schweren Gig – auf der gleichen Bordseite fährt. Für einen verantwortlich ausbildenden Ruderlehrer ist es daher selbstverständlich, bei der Arbeit in Riemenbooten darauf zu achten, daß die Schüler auf Backbord und Steuerbord gleichmäßig ausgebildet und eingesetzt werden.

Für die Forderung der allseitigen Ausbildung im Rudern kann nicht nur das orthopädisch-gesundheitliche Argument, sondern auch ein pädagogisches geltend gemacht werden. Der junge Ruderer, der Skullen und Riemenrudern auf beiden Bordseiten gleich gut kann, ist besser ausgebildet, weil er in jeder Mannschaft auf jedem Platz eingesetzt werden kann. Damit kann er jeder Mannschaft als Ersatzmann helfen und vermehrt seine Chancen, später in Auswahlmannschaften berücksichtigt zu werden.

Ruderunterricht im Gig-Doppelvierer mit Steuermann

Zusammenfassung

Beginn mit der Zusatzübung 1: das Einsteigen im knietiefen Wasser
Die methodische Sequenz zum Erwerb der grundlegenden Fähig-
keiten und Fertigkeiten
Lernschritt 1: Gewöhnung an das Gerät, Sicherung der Balance
    Lernschritt 1 a: Erproben der Sicherheitsstellung durch Ge-
    wichtsverlagerung
    Lernschritt 1 b: Erproben der Sicherheitsstellung durch Heben
    und Senken der Innenhebel
    Lernschritt 1 c: Erproben der Sicherheitsstellung durch Abfan-
    gen des kippenden Boots mit der Blattstütze
Lernschritte 2 bis 4: Gefühl für die Blattlage erwerben mit dem
Ziel, Vortrieb zu erzeugen; vorwärts rudern
Lernschritt 2: Erfühlen der richtigen Blattlage ohne Flachdrehen
des Blatts
    Lernschritt 2 a: auf Backbord
    Lernschritt 2 b: auf Steuerbord
Lernschritt 3: Erfühlen der richtigen Blattlage mit Flachdrehen des
Blatts
    Lernschritt 3 a: auf Backbord
    Lernschritt 3 b: auf Steuerbord
Lernschritt 4: Erfühlen der richtigen Blattlage auf Backbord und
Steuerbord gleichzeitig (= vorwärts rudern)
Lernschritte 5 bis 8: das Boot manövrierfähig machen durch Erler-
nen des Stoppens, des Rückwärtsruderns und der Wende
Lernschritt 5: Stoppen aus der Vorwärtsfahrt
Lernschritt 6: Rückwärtsrudern
Lernschritt 7: Stoppen aus der Rückwärtsfahrt
Lernschritt 8: Wende
    Lernschritt 8 a: über Backbord
    Lernschritt 8 b: über Steuerbord
Lernschritt 9: Synchronisieren der Ruderarbeit durch Rudern im
Zweier ohne Steuermann
    Lernschritt 9 a: Rudern im Zweier ohne Steuermann auf Back-
    bord
    Lernschritt 9 b: Rudern im Zweier ohne Steuermann auf Steuer-
    bord

Die Verknüpfungen der Lernschritte und Lernsituationen für den Lehrweg im
Skiff mit der Ergänzung im Zweier ohne Steuermann

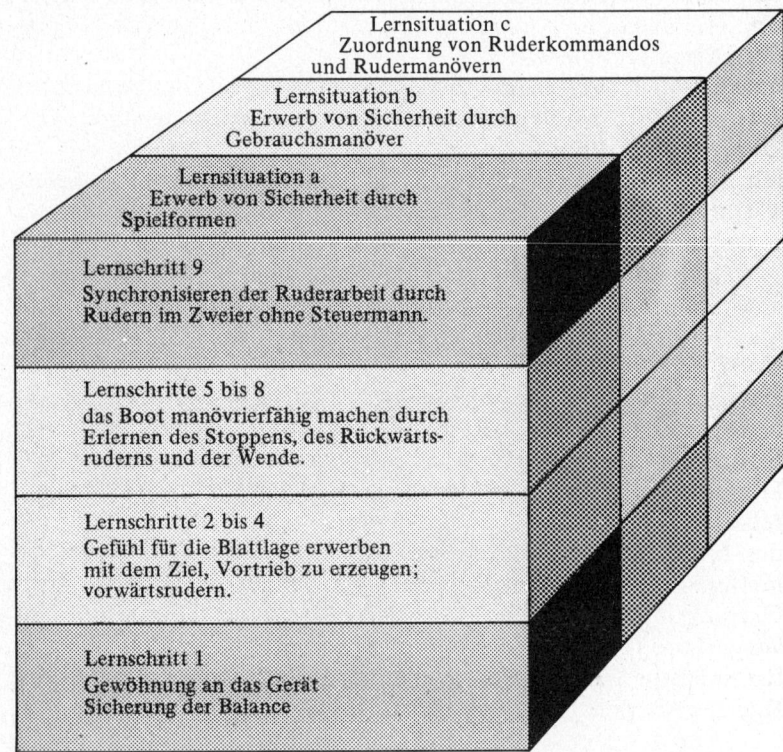

Je dunkler die Teilfläche auf der rechts sichtbaren Würfelseite
erscheint, desto wichtiger sind die zugehörigen Lernschritte in diesem Lehrweg und desto besser werden auch die zugehörigen Lernsituationen ausgenutzt.
Die linke Säule ist dunkler und gibt an, daß der Erwerb der Sicherheit durch Spielformen mit diesem Lehrweg hervorragend realisier-
bar ist. Die rechte hellere Säule weist darauf hin, daß die Kenntnis
der Ruderkommandos und die Zuordnung zu den entsprechenden
Manövern im Einer und selbst noch im Zweier ohne Steuermann
nur eine untergeordnete Rolle spielt.

Die dunklere untere Schicht weist darauf hin, daß der Balancesicherung in dieser Methode eine große Bedeutung zukommt, aber auch, daß das Gleichgewicht hervorragend entwickelt wird. Die dunklere oberste Schicht weist darauf hin, daß die Synchronisation der Ruderbewegung im Zweier ohne Steuermann eine große Bedeutung hat und daß die Schulung der Zusammenarbeit der Partner im Zweier ohne Steuermann hervorragend möglich ist.

Die Lehrweise im Skiff und Zweier ohne Steuermann ist der Ideallehrweg, bei dem folgende äußere Bedingungen erfüllt sein sollten:

- möglichst strömungsloses und verkehrsfreies Übungsgewässer;
- ausreichende Anzahl von Kunststoffskiffs und Kunststoffzweiern ohne Steuermann;
- Schüler im optimalen Lebensalter (Geschicklichkeitsalter).

Der Lehrweg ermöglicht die kürzesten Lernzeiten; er eröffnet den Zugang zu sämtlichen Bootsgattungen und zu allen Anwendungsbereichen der Ruderfertigkeiten sowohl im Wanderrudern wie im Rennrudern.

Die Belastungen in diesem Lehrweg sind jugendgemäß und kindgerecht. Es wird zu Anfang die in hohem Maße vorhandene Plastizität des lernfähigen Systems, die Geschicklichkeit, ausgenutzt und damit die Rudertechnik optimal entwickelt. Dadurch wird die beste Grundlage gelegt sowohl für eine mögliche nachfolgende Schulung von Ausdauer und Kraft im Freizeit- und Wanderrudern als auch für die optimale Entwicklung dieser motorischen Eigenschaften im Rennrudern in einer späteren Phase.

Lehrweg Trimmi

Dieser Lehrgang eignet sich am besten für ältere Schüler. Erwachsene Ruderschüler unterscheiden sich von den Ruderanfängern im Geschicklichkeitsalter dadurch, daß sie weniger gut balancieren können. Wir verändern daher die Lernsituation in der Weise, daß geringere Anforderungen an das Balancegefühl gestellt werden. So benutzen wir statt des 28 cm breiten Kunststoffeiners oder des Jugendskiffs den 75 cm breiten *Trimmi*.

Da auch hier der Unterricht für den Anfänger sofort auf dem Wasser beginnt, bleiben alle Vorteile erhalten, die die ‹kybernetische Lehrweise› im Einer bietet. Es sind die gleichen Lernschritte wie im Lehrweg Skiff durchzuführen.

Wir nehmen ein Übungsrevier mit mäßiger Strömung und wenig Schiffsverkehr an. Wir starten vom Steg aus und wählen die Variante mit Fixierung des Boots am Steg für das Sammeln der ersten Rudererfahrung.

Es werden Zweiergruppen gewählt, die beim Bootstransport eine Hilfsgemeinschaft auf Gegenseitigkeit bilden und das Boot zu zweit zum Steg tragen. Da der Trimmi einen *Außenkiel* aus Kunststoff hat, behandeln wir ihn beim Zuwasserbringen wie eine Gig und lassen ihn über Kiel ‹einschweben›. Man sollte die Trimmis nach

Unterricht im Trimmi mit Festhalten des Hecks am Steg

Möglichkeit mit *offenen Gigdollen* ausrüsten. Dann können die Skulls einfacher eingelegt werden als in der Renndolle mit Verschlußbügel, indem man sie am Hals einsetzt und bis zum Klemmring durchschiebt. Beim Einlegen der Skulls muß darauf geachtet werden, daß der freie Schenkel der Dolle heckwärts zeigt. Der Druck im Durchzug soll am Dollenstift und nicht am freien Schenkel liegen. Das Einsteigen und das Einstellen des Stemmbretts laufen so ab, wie im Skifflehrgang beschrieben (vgl. Seite 50 ff).

Die gleichen Lernschritte wie im Lehrgang Skiff

Lernschritt 1: Gewöhnung an das Gerät, Sicherung der Balance
Die Übungen können im allgemeinen in kurzer Zeit durchgenommen werden, da in dem breiteren Boot meistens auch keine Angst erst weggespielt werden muß.

Lernschritt 2: Erfühlen der Blattlage
Das Erfüllen der Blattlage bereitet bei der größeren Lagestabilität keine besonderen Schwierigkeiten. Nach dem einhändigen Erfühlen der Blattlage auf Backbord (Lernschritt 2 a) und auf Steuerbord (Lernschritt 2 b) kann das beidhändige Skullen mit senkrecht gehaltenem Blatt ausgeführt werden (Lernschritt 2 c).

Vorwärtsrudern mit senkrecht gehaltenen Blättern

Mit dieser einfachsten Rudertechnik kann der Schüler vom Steg wegfahren. Es ist angebracht, eine längere Strecke zu rudern, bevor das Flachdrehen der Blätter hinzugenommen wird. Der Trimmi ist so lagestabil, daß eine Blattstütze nicht benötigt wird und die Blätter in senkrechter Stellung frei durch die Luft in die Auslage zurückgeführt werden können.

Lernschritt 4: Übergang vom beidseitigen Skullen mit senkrechten Blättern direkt zum beidseitigen Skullen mit Flachdrehen der Blätter auf beiden Seiten
Zeigt ein Schüler hierbei Anzeichen einer koordinativen Überforderung, so gehen wir in kleineren Lernschritten vor:
- Wiederholen der Ruderarbeit mit senkrecht gehaltenem Blatt auf Backbord mit Blattstütze auf Steuerbord (Lernschritt 2 a)
- Wiederholen der Ruderarbeit mit senkrecht gehaltenem Blatt auf Steuerbord mit Blattstütze auf Backbord (Lernschritt 2 b)
- Erfühlen der Blattlage mit Flachdrehen des Blatts auf Backbord (Lernschritt 3 a)
- Erfühlen der Blattlage mit Flachdrehen des Blatts auf Steuerbord (Lernschritt 3 b)
- Erfühlen der Blattlage auf beiden Bordseiten gleichzeitig (Lernschritt 4)

Bei diesem ‹Schritt-für-Schritt-Weg› bleibt der Trimmi bis zum Lernschritt 4 am Steg fixiert, während der Schüler im andern Fall schon beim Lernschritt 2 c auf das freie Wasser hinausfährt.

Die *Lernschritte 5* bis *8* mit dem gemeinsamen Ziel, das Boot manövrierfähig zu machen, entsprechen in der Ausführung den Übungen im Lehrweg Skiff.
Lernschritt 5: Stoppen aus der Vorwärtsfahrt
Lernschritt 6: Rückwärtsrudern
Lernschritt 7: Stoppen aus der Rückwärtsfahrt
Lernschritt 8: Wenden
    Lernschritt 8 a: über Backbord
    Lernschritt 8 b: über Steuerbord

Die Einzelbeschreibung ist bei der Darstellung des «Lehrwegs Skiff» gegeben worden (vgl. Seite 67–78).

Erweiterung des Lehrprogramms

Zusatzlernschritt 2: Ablegen eines Einers ohne fremde Hilfe
Zusatzlernschritt 3: Anlegen ohne fremde Hilfe über Heck
Zusatzlernschritt 4: Anlegen ohne fremde Hilfe über Bug
Nachdem die Ruderschüler in den ersten Stunden durch einen
Helfer oder durch den Ruderlehrer vom Steg abgesetzt worden
sind, kommt nach einer gewissen Vertrautheit mit dem Gerät, die
etwa in der sechsten oder siebten Übungsstunde erreicht ist, meist
der Wunsch, das Ablegen ohne Hilfe durchführen zu wollen.
Zusatzlernschritt 2: Wir fassen beide Skullgriffe mit der stegfernen
Hand, setzen das stegferne Bein auf das Einsteigbrett und halten
uns mit der stegnahen Hand am Ausleger fest. Mit dem stegseitigen
Fuß suchen wir einen festen Halt an der Stegkante für ein kräftiges
Abstoßen. Wenn der Schub so wirkungsvoll gelingt, daß das Boot
zwei bis drei Meter querab versetzt wird, wodurch wir auf der
Landseite mit dem Blatt vom Steg frei kommen, dann ist das Able-
gen perfekt. Wir müssen uns langsam an diese Ausführung ohne
fremde Hilfe herantasten. Zu Anfang werden wir meist nur ein bis
zwei Meter vom Steg wegkommen; den Rest erledigt ein Helfer.
Damit unsere Skullblätter genügend geschont werden, achten wir

Ablegen mit kräftigem Abstoßen

darauf, daß das stegseitige Blatt mit der Hartholzleiste als Scheuerleiste auf dem Steg aufliegt und nicht etwa das Blatt mit der gewölbten (konvexen) Seite über den Steg scheuert. Das beherrschte Hinsetzen im Trimmi nach dem kräftigen Abstoßen entspricht dem Platznehmen auf dem Rollsitz, wie es vorher am Steg geübt wurde (vgl. Seite 50–52).

Zusatzlernschritt 3: Nach einer gewissen Vertrautheit mit dem Trimmi in der sechsten oder siebten Stunde entsteht meist der Wunsch, das Boot ohne fremde Hilfe fachgerecht anzulegen. Wir erlernen als erstes das Anlegen über Heck, weil dabei der Steg und der Abstand zum Steg ständig im Gesichtsfeld sind. Wir wiederholen das beidseitige Stoppen aus der Rückwärtsfahrt und achten besonders auf weiches, gefühlvolles Stoppen, bei dem der Gegendruck am Blattrücken nicht ruckhaft entsteht.

Dann üben wir das einseitige Stoppen auf Backbord. Wir müssen bei diesem Manöver unser Körpergewicht auf die Seite des Stoppskulls legen, um damit dem Bremsdruck entgegenzuwirken. Wir legen uns deshalb in die Innenkurve. Das entstehende Drehmoment bringt uns in eine Backbordkurve. Durch mehr oder weniger Steilstellen des Blatts auf der Stoppseite regulieren wir dann den Krümmungsradius unserer Kurve. Wir fahren mit genau dosiertem Stoppen eine möglichst langgezogene Steuerphase.

Wir üben dann das einseitige Stoppen auf der Gegenseite.

Anschließend fahren wir das gleiche Manöver am Steg. Wir fahren rückwärts auf den Steg zu. Der Anfahrwinkel beträgt etwa 45 Grad. Fünf bis sechs Meter vor dem Steg hören wir mit der Ruderarbeit auf. Wir lassen das Boot ein Stück gleiten und schätzen die augenblicklichen Wind- und Strömungsverhältnisse richtig ein. Zwei bis drei Meter vor dem Steg beginnen wir mit dem dosierten Stoppen auf der stegfernen Seite. Dadurch bringen wir das Boot mit einem langgezogenen Schwung parallel an die Stegkante. Auf der Landseite drehen wir das Skullblatt so, daß die Hartholzkante nach unten zeigt, falls das Skull Stegberührung haben sollte.

Wir üben das Anlegen sowohl auf der Backbord- wie auf der Steuerbordseite. Wenn merkliche Einflüsse durch Wind und Strömung gegeben sind, gilt die Regel, daß gegen die Strömung bzw. gegen den Wind angelegt wird.

Wenn das Anlegen über Heck beherrscht wird, üben wir auch das Anlegen über Bug.

Stoppen mit dem stegfernen Skull

Das Boot dreht bei

Zusatzlernschritt 4: Wir wiederholen das Stoppen aus der Vorwärtsfahrt, das weich und gefühlvoll erfolgen sollte. Das einseitige
Stoppen üben wir auf Backbord und Steuerbord. Mit der Innenkur-
venlage des Oberkörpers stellen wir den nötigen Bremsdruck an der
gewölbten Seite des Bremsskulls her. Soll die Kurve enger werden,
stellen wir das Blatt etwas steiler. Wir fahren mehrere ‹langgezogene Schwünge› nacheinander auf beiden Bordseiten.
Wir fahren das gleiche Manöver am Steg. Beim Anfahren mit einem
Winkel von circa 45 Grad zur Stegkante müssen wir uns jetzt durch
Umsehen über den Abstand orientieren. Da wir beim Vorwärtsrudern etwas mehr Fahrt haben als beim Rückwärtsrudern, hören wir
früher mit der Ruderarbeit auf, lassen das Boot länger gleiten und

Stoppen mit dem stegfernen Skull

Das Boot dreht bei

stoppen dosiert. Wir bringen das Boot dadurch mit einem langgezogenen Schwung parallel an die Stegkante.
Die Gebrauchsmanöver der Zusatzlernschritte 2, 3 und 4 steigern unsere Sicherheit im Umgang mit dem Trimmi.
Wir beherrschen jetzt den Trimmi so weit, daß wir den Lernweg im Skiff fortsetzen können. Wenn wir geschickte Jugendliche in der Gruppe haben, mit denen wir nur wegen äußerer Voraussetzungen im Trimmi begonnen haben – zum Beispiel zu kaltes Wasser für den Unterricht in kenterbaren Booten bei Kursbeginn im April –, sollten wir auch möglichst schnell ins Skiff gehen.
Wir können von diesem Fertigkeitsniveau aus auch direkt in die Mannschaftsgig umsteigen, wenn wir mit unseren Schülern schnell

zum Wanderrudern übergehen wollen.

Wenn wir die Zusatzlernschritte 2, 3 und 4 im Trimmi nicht durchnehmen, weil das Wasser bereits badewarm geworden ist oder unsere Schüler im Skiff fahren wollen, dann erfolgt die Schulung des selbständigen Ablegens, des Anlegens über Heck und des Anlegens über Bug später im Skiff genauso wie im Trimmi beschrieben.

Zusammenfassung

Lernschritt 1: Gewöhnung an das Gerät, Sicherung der Balance
Lernschritte 2 bis 4: Gefühl für die Blattlage erwerben mit dem Ziel, Vortrieb zu erzeugen; vorwärts rudern
Lernschritt 2: Erfühlen der richtigen Blattlage ohne Flachdrehen des Blatts
   Lernschritt 2 a: auf Backbord
   Lernschritt 2 b: auf Steuerbord

Variante A	*Variante B*
Lernschritt 2 c: Erfühlen der richtigen Blattlage ohne Flachdrehen des Blatts auf Backbord und Steuerbord gleichzeitig	Lernschritt 3: Erfühlen der richtigen Blattlage mit Flachdrehen des Blatts
	Lernschritt 3 a: auf Backbord
	Lernschritt 3 b: auf Steuerbord
Lernschritt 4: Erfühlen der richtigen Blattlage mit Flachdrehen des Blatts auf Backbord und Steuerbord gleichzeitig	Lernschritt 4: Erfühlen der richtigen Blattlage mit Flachdrehen des Blatts auf Backbord und Steuerbord gleichzeitig

Lernschritte 5 bis 8: das Boot manövrierfähig machen
Lernschritt 5: Stoppen aus der Vorwärtsfahrt
Lernschritt 6: Rückwärtsrudern
Lernschritt 7: Stoppen aus der Rückwärtsfahrt
Lernschritt 8: Wende
   Lernschritt 8 a: über Backbord
   Lernschritt 8 b: über Steuerbord
Zusatzlernschritte 2 bis 4: Ergänzung zu den Gebrauchsmanövern
Zusatzlernschritt 2: Ablegen im Einer ohne Fremdhilfe
Zusatzlernschritt 3: Anlegen im Einer über Heck ohne Fremdhilfe
Zusatzlernschritt 4: Anlegen im Einer über Bug ohne Fremdhilfe

Die Verknüpfung der Lernschritte
und Lernsituationen für den Lehrweg Trimmi

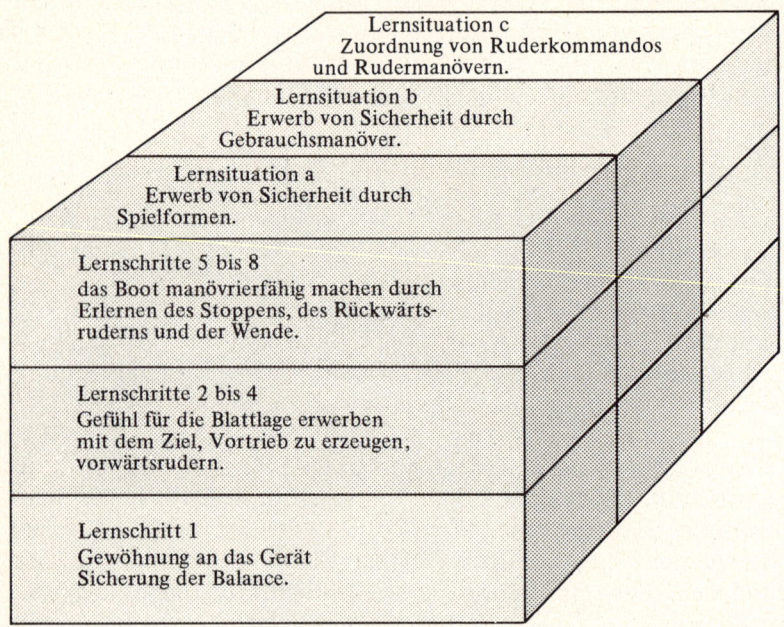

Je dunkler die Teilfläche auf der rechten sichtbaren Würfelseite erscheint, desto wichtiger sind die zugehörigen Lernschritte für diesen Lehrweg, desto besser werden aber auch die zugehörigen Lernsituationen in diesem Lehrweg ausgenutzt. Die rechte Würfelfläche zeigt eine geringe Differenzierung. Es kommen nur zwei Helligkeitsstufen vor; die beiden höchsten Intensitätsstufen aus dem Lehrweg Skiff entfallen.

Danach sind im Lehrweg Trimmi die Lernsituationen einerseits leicht zu bewältigen, andererseits sind die Rückmeldungen über fehlerhafte Aktionen wegen der größeren Trägheit des Boots weniger exakt und erfolgen nicht so schnell. Dadurch werden die Ziele der einzelnen Lernschritte weniger präzise erreicht. Das Üben im Trimmi verleitet zum ‹Pfuschen›, wenn nicht ein Ruderlehrer sehr oft korrigiert.

Die niedrige Helligkeitsstufe der rechten Säule zeigt an, daß die
Kenntnis der Ruderkommandos und die Zuordnung zu den entsprechenden Manövern nur eine untergeordnete Rolle spielt. Der
Lehrweg Trimmi ermöglicht einen Lernprozeß, der geringere Anforderungen an die Geschicklichkeit der Lernenden und keine so
hohen Anforderungen an das Übungsrevier wie im Lehrweg Skiff
stellt. Es sollen folgende äußere Bedingungen erfüllt sein:

- Übungsrevier möglichst strömungslos, leichte Strömung ist vereinbar; möglichst verkehrsfrei; gelegentlicher, nicht zu schneller
  Schiffsverkehr ist vereinbar;
- ausreichende Anzahl von Trimmis oder den etwas schmaleren
  Gig-Einern Art C;
- Schüler nicht nur im Geschicklichkeitsalter, sondern auch in allen
  anderen Altersstufen, insbesondere auch ältere Ruderschüler.

Für Schüler im Geschicklichkeitsalter sollte das Übungsprogramm
im Trimmi nur eine kurze Durchgangsphase, eine Vorschulung vor
dem Einsatz der kenterbaren Skiffs, sein. Bei zu langem Üben im
Trimmi gewöhnen sich die Schüler ‹Pfusch›-Fehler an und haben
Schwierigkeiten beim späteren Übergang in das Skiff oder in andere
Rennboote.

Für ältere Schüler, die nicht mehr das Ziel anstreben, alle Bootsgattungen zu beherrschen, insbesondere nicht die lageempfindlichen
Rennboote, ist der Lehrweg Trimmi der kürzeste Lernweg zum
Rudernkönnen in der breiten Mannschaftsgig, die für Wanderfahrten ideal geeignet ist.

Lehrweg Mannschaftsgig

In Ruderrevieren mit stärkerer Strömung und eventuell zusätzlichem Schiffsverkehr ist das Gefahrenmoment beim Anfängerunterricht im Einer zu groß. Häufig ist ein optimaler Unterricht im Einer auch im ruhigen Übungsgewässer ausgeschlossen, weil nur Mannschaftsgigs im Bootspark vorhanden sind. Für diesen Fall beschreiben wir einen Anfängerunterricht und beginnen im Gig-Doppelvierer mit Steuermann.

Vor- und Nachteile

Nachteile unserer Lernsituation sind:
- Begeht ein Schüler einen Fehler in der Ruderarbeit und bleibt zum Beispiel mit den Blättern im Wasser hängen, müssen auch die anderen meistens die Arbeit unterbrechen.
- Wackelt das Boot, meint jeder im Vierer, die anderen drei seien schuld an der Balancestörung.
- Ein Schüler benötigt noch seine volle Aufmerksamkeit für die Arbeit mit den eigenen Skulls und soll noch zusätzlich auf das Blatt des Schlagmanns achten, um synchron arbeiten zu können.
- Schwingt ein Schüler mit dem Oberkörper schief und bleibt er nicht über dem Kiel, gibt das Boot keine Fehleranzeige, weil es zu breit ist und mit fünf Personen besetzt sehr träge reagiert. Meist gleicht ein Partner den Fehler auch noch unbewußt aus. Der Ruderlehrer muß sehr viel stärker als Kontrollinstanz wirken und eine Abweichung des Istwerts vom Sollwert monieren.
- Ein Schüler möchte schon weitergehen im Lernprozeß, muß aber warten, bis der letzte die vorhergehenden Übungen beherrscht. Eine Differenzierung und Anpassung des Lehrtempos an das individuelle Lerntempo ist im Vierer nicht so gut möglich wie im Einer.

Vorteile unserer Lernsituation
- Tritt in dem Übungsrevier eine Gefahr auf, etwa durch ein fremdes Boot auf Kollisionskurs, so ist der Ruderlehrer ‹an Bord› und

kann dank seiner Erfahrung vorausschauend das richtige Aus-
weichmanöver rechtzeitig einleiten.

- Für Schüler, die sehr ängstlich sind, ist der Lehrer in unmittelba-
rer Nähe und kann beruhigend einwirken. Zudem ist das Boot
breit und liegt ruhig. Darüber hinaus sind weitere Kameraden im
Boot.

- Erfordert die Rückkehr zum Steg gegen die Strömung von einem
Übungsplatz im ruhigen Wasser eine stärkere Anstrengung,
dann können die schwächeren Schüler im Boot von den stärkeren
‹mitgenommen› werden.

Ziel ist die Beherrschung des Ruderboots in den Schritten: Erlernen
des Ruderschlags (Vorwärtsrudern), Erlernen der übrigen Rudermanöver. Wir versuchen auch im Gig-Doppelvierer mit Steuermann, die Vorteile der kybernetischen Lehrweise so weit es geht
auszunutzen und ein möglichst gutes *feedback* zu erreichen. Da
beim Rudern im Mannschaftsboot durch den Zwang zur synchro-
nen Arbeit eine Erschwerung schon bei den ersten Schlägen gegeben ist, versuchen wir, das Unterrichtsprinzip ‹vom Leichten zum
Schweren› dadurch einzuhalten, daß wir im Vergleich zum Lehrweg
Skiff und Trimmi am Anfang andere Erleichterungen schaffen.
So belegen wir den Gig-Doppelvierer mit Steuermann zunächst nur
mit einem Skull pro Ruderplatz: Nummer 1 auf Steuerbord, Nummer 2 auf Backbord, Nummer 3 auf Steuerbord, Nummer 4 auf
Backbord.
Die übliche Zählung der Bootsplätze ergibt sich aus folgender *Ab-
bildung*:

Ruderplätze (Nr.)

Stm.   4   3   2   1

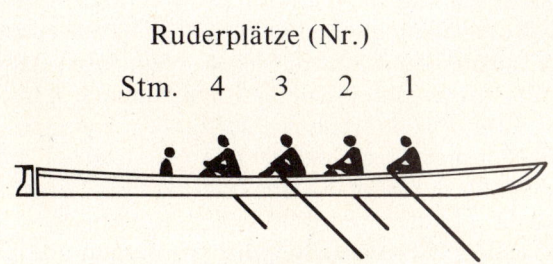

Zuwasserbringen des Geräts und Herrichten des Ruderplatzes

Wir bringen zuerst die Skulls an die vorgesehene Einsetzstelle am Steg. Dann müssen wir den Gig-Doppelvierer mit Steuermann zu Wasser lassen. Er wiegt immerhin 80 kg in der leichtesten Ausführung als Gig Art C; als geklinkertes Boot oder als Kunststoffboot ist er schwerer. Aus der hohen Belastung beim Transport ergibt sich auch, warum die schwere Gig nicht günstig für den Unterricht mit Kindern ist. Wegen des beachtlichen Gewichts muß jeder der Ruderer gut zupacken, und alle müssen als Mannschaft zusammenarbeiten.

Das Boot liegt gewöhnlich kieloben in der Halle auf den Holmen. Die Mannschaft verteilt sich so am Boot: Nummer 3 und Nummer 4 stehen sich zwischen dem Steuersitz und dem Ruderplatz Nummer 4 gegenüber, Nummer 1 und Nummer 2 gleich bugwärts vom Ruderplatz Nummer 1. Der Steuermann steht an der Bugspitze. Auf das Kommando «Hebt – ab!» des Steuermanns heben wir gleichzeitig das Boot von den Holmen. – Wir müssen uns beim Lehrweg Mannschaftsgig frühzeitig daran gewöhnen, zusammen auf Kommando zu arbeiten; denn nur bei gleichzeitigem, abgestimmtem Einsatz ist das schwere Boot zu hantieren. Wir tragen das Boot aus der Halle.

Draußen drehen wir es auf das Kommando «Wasserseite offen – dreht!» mit dem Kiel nach unten. Es kann natürlich auch «Straßenseite» oder «Bootshausseite» heißen. Wichtig ist, daß jedem Ruderer schnell ein eindeutig erkennbarer Punkt bezeichnet wird, wohin die offene Seite des Boots beim Drehen zeigen soll. Wir achten darauf, daß die Ausleger nicht auf den Boden stoßen, und suchen nach dem Drehen schnell einen sicheren Griff an der Gondelleiste. Danach schwenken wir den Bootskörper so, daß er sich senkrecht zur Stegkante befindet und lassen das Boot über Kiel ‹einschweben›. Das Boot soll möglichst den Steg nicht berühren und dort auf keinen Fall auf der Bootshaut aufliegen. Wenn abgesetzt wird, dann nur auf dem Außenkiel. Nummer 3 und Nummer 4 treten seitlich vom Boot zurück, wenn sie an die Stegkante gekommen sind. Nummer 1 und Nummer 2 reagieren etwas später in gleicher Weise; der Steuermann hält das Boot am Bug fest und zieht es nach dem Wassern parallel zur Stegkante.

Die beschriebene Platzverteilung für das Tragen und Drehen des

Boots an Land ist zweckmäßig für eine Mannschaft von gleich starken Erwachsenen. Unter diesen Voraussetzungen ist auch der Grundsatz alter Bootshausordnungen sinnvoll: Jede Mannschaft trägt ihr eigenes Boot! Handelt es sich nicht um eine Mannschaft von starken Männern, sollte jeder freie Ruderer zugreifen, wenn er sieht, daß eine schwere Gig getragen und gedreht werden soll. Ein Mann zusätzlich zur Sicherheit am Boot hat schon manchen Spantenbruch verhindert, der durch Aufschlagen des Auslegers am Boden entstehen kann.

Beim Transport von Gigs mit Kindern und Jugendlichen sollte man grundsätzlich zwei Bootsbesatzungen für das Tragen eines Boots einteilen. Ist der Ruderlehrer mit nur einer Mannschaft von vier Jugendlichen oder Kindern im Bootshaus, verändert er die Lastverteilung so, daß er mehr als ‹seinen› Anteil am Bootsgewicht trägt. Am besten geht er an den Bug und läßt die Ruderer dann alle weiter heckwärts anfassen – das Paar Nummer 1 und 2 zwischen den Auslegern von Platz 1 und 2 oder zwischen 2 und 3 oder gar 3 und 4, während das Ruderpaar Nummer 3 und 4 an seinem Stammplatz zwischen Steuersitz und Platz 4 verbleibt.

Wenn der Ruderlehrer als einziger Erwachsener auf dem Bootsplatz ist und er einer Gruppe von Kindern Unterricht in der Gig erteilen will, kann das Tragen und Drehen des Boots zu einer schwer lösbaren Aufgabe werden. Man muß manchmal mit dem Rudern warten, bis der nächste geeignete ‹Lastträger› im Bootshaus erscheint.

Das Einlegen der Skulls (nur ein Skull pro Platz wird zunächst benötigt), das Einsteigen und das Einstellen des Stemmbretts erfolgen genau wie im Skiff-Lehrweg beschrieben (vgl. Seite 50–52). Der Steuermann nimmt auf dem Steuersitz Platz, und dann lassen wir uns durch einen Helfer vom Steg absetzen.

Sicherung der Balance

Wir gehen in die Sicherheitsstellung, stellen die Skulls senkrecht zur Bordwand und legen das Blatt flach auf das Wasser. Durch seitliches Neigen des Oberkörpers versuchen wir, das Gleichgewicht zu stören. Mit der Blattstütze stabilisieren wir das Boot. Durch wechselseitiges Heben und Senken der Innenhebel bringen wir das Boot zum Schaukeln. Mit der Blattstütze können wir die waagerechte Lage immer wieder herstellen.

Die Übungen zur Sicherung der Balance können in diesem Lehrweg kurz behandelt werden. Die Balance ist bei dem 78 cm breiten Boot nicht schwer zu halten. Angst muß in dem relativ lagesicheren Boot auch nicht überwunden werden.

Es gibt eine andere Übung zur Balancesicherung, die nur in der Mannschaftsgig mit Steuermann durchgeführt werden kann und den Schülern meist auch Spaß macht. Die Schüler sitzen in der Sicherheitsstellung. Dann versucht der Lehrer auf dem Steuersitz, das Boot durch Hinauslehnen mit dem Oberkörper zum Schaukeln zu bringen. Wenn die Schüler aufpassen und sich einig sind, können sie mit vier Blattstützen immer die waagerechte Lage garantieren. Sie erleben im wörtlichen Sinn, daß sie ‹am längeren Hebel› sitzen.

Erfühlen der Blattlage

Wir tauchen das Blatt senkrecht in der Auslage ein und lassen es schwimmen. Wir ziehen so locker am Innenhebel, daß das Skull seine Schwimmlage behalten kann. Der Schlagmann (Nummer 4) probiert es als erster, weil ihn alle beobachten können. Wenn alle wissen, wie die Lösung aussehen soll, probiert jeder zunächst für sich. Wir müssen dabei einzeln nacheinander üben, damit wir uns mit den Blättern im Wasser nicht gegenseitig behindern.

Wenn jeder Ruderer ein paar Schläge für sich probiert hat, beginnt der Schlagmann mit der fortlaufenden Ruderarbeit. Der Ruderer auf Platz 3 erhält nun nach einigen Schlägen den Auftrag, sich in den Schlagrhythmus einzupassen; wiederum einige Schläge später folgt Nummer 2, dann Nummer 1. Unser Vierer macht bereits Fahrt über Bug, wir rudern in der einfachsten Form vorwärts, mit senkrecht stehenden Blättern beim Luftweg.

Zur einseitigen Belegung mit Skulls im Gig-Doppelvierer mit Steuermann noch eine Begründung. Zu Beginn ist der Neuling im Boot mit der Kontrolle seines Ruderblatts stark beschäftigt. Nun muß er sich aber in den Mannschaftsrhythmus einpassen, also auch das Blatt des Schlagmanns beobachten. Müßte er nun noch gleichzeitig sein zweites Skullblatt kontrollieren, so wäre er bei den ersten Ruderschlägen regelmäßig überfordert. Die Folge könnte ein häufiges Einklemmen der Daumen zwischen den Skullgriffen sein, und das ergibt unnötige Frustrationen beim Rudernlernen.

Für die einseitige Arbeit ein weiterer Hinweis. Die nicht beschäftigte Hand legt man auf den Oberschenkel des dollenfernen Beins. Hier kann sie kräftig ‹mitschieben›. Gibt man diesen Hinweis nicht, weiß der Anfänger nicht, was er mit der leeren Hand machen soll, und greift regelmäßig zur Bordwand. Beim Bewegen des Rollsitzes zieht er dann den Oberkörper aus der Kiellinie und schwingt schief.

Nach etwa einer halben Stunde gehen wir zum Üben mit der anderen Hand über. Wir wechseln dazu die Bordseite. Der Schlagmann steigt auf den Bugplatz um; alle anderen Ruderer rücken danach einen Platz zum Heck hin auf. So kommen alle Ruderer bei derselben einseitigen Skullbelegung zum einen zur Ruderarbeit auf der anderen Bordseite, und zum anderen hat der Ruderlehrer bei jedem Wechsel einen anderen Schüler auf dem Platz vor sich, auf dem vom Steuersitz aus die beste Korrektur möglich ist.

Nachdem sich jeder Ruderer mit ein paar Schlägen einzeln auf der anderen Seite ‹eingefühlt› hat, beginnen wir die Ruderarbeit auf das Kommando «Alles voraus – Los!» gemeinsam (*Lernschritte 2 a und 2 b*).

Wir erlernen in der ersten Stunde noch das Abstoppen des Boots (*Lernschritt 5*). Damit das Bremsmanöver wirksam ist, muß es auf allen Plätzen gleichzeitig erfolgen. Es muß außerdem gleichmäßig durchgeführt werden, damit das Boot auf Kurs bleibt. Den einheitlichen Beginn lösen wir mit dem Kommando «Alles stoppen – stoppt!» aus. Wir wählen wieder die Ausführung des weichen Stoppens, wie es für den Skiff-Lehrweg und den Trimmi-Lehrweg beschrieben und begründet wurde.

In der zweiten Unterrichtsstunde belegen wir den Gig-Doppelvierer mit Steuermann mit acht Skulls. Wir fahren immer noch mit senkrecht stehenden Blättern. Wir achten jetzt darauf, daß in der Mittelzugstellung die Hände kurz nacheinander geführt werden. Dieser Hinweis sollte *vor* dem ersten Daumeneinklemmen gegeben werden. Mit dieser einfachsten Form des Ruderschlags ohne Aufdrehen, aber mit vollem Einsatz des Rollsitzes, können wir uns schon recht wirksam auf dem Wasser vorwärts bewegen (*Lernschritt 2 c*).

Es folgt das Rudern mit Flachdrehen der Blätter. Wir nutzen die Erfahrung der beidseitigen Ruderarbeit ohne Flachdrehen und probieren es sofort auf beiden Bordseiten mit Flachdrehen (*Lernschritt 4*). Das Flachdrehen muß beim Rudern im Doppelvierer nicht auf allen Plätzen gleichzeitig eingeführt werden. Es stört den Lauf des Boots gar nicht, wenn Nummer 1 und Nummer 3 schon mit Flachdrehen fahren, während Nummer 2 und Nummer 4 noch nicht soweit sind und lieber noch mit senkrecht stehendem Blatt rudern wollen.

Beobachtet der Ruderlehrer bei einem Schüler, daß der Schritt vom beidseitigen Rudern ohne Flachdrehen zum beidseitigen Rudern mit Flachdrehen zugleich auf *beiden* Bordseiten eine koordinative Überforderung darstellt, so hat er auch die Möglichkeit, folgenden ‹Schritt-für-Schritt-Weg› zu gehen:

- einseitige Ruderarbeit auf Backbord ohne Flachdrehen;
- einseitige Ruderarbeit auf Steuerbord ohne Flachdrehen;
- einseitiges Rudern auf Backbord mit Flachdrehen;
- einseitiges Rudern auf Steuerbord mit Flachdrehen;
- beidseitiges Vorwärtsrudern mit Flachdrehen (*Lernschritt 4*)

Wenn sich der Ruderlehrer für den Schritt-für-Schritt-Weg entscheidet, müssen die schnellen Lerner in der Mannschaft warten, bis der langsamste zum Rudern mit zwei Skulls übergehen kann.

Variante: das Flachdrehen der Blätter wird mit einseitiger Skullbelegung eingeführt (vgl. Seite 122f). Bei dieser versetzt einseitigen Ruderarbeit bleibt der Vierer auf Geradeauskurs.

Erlernen der übrigen Rudermanöver

Das Stoppen wurde schon in der ersten Übungsstunde erlernt; diese Maßnahme ist aus Sicherheitsgründen notwendig. Ist der Gigvierer mit seiner größeren Masse einmal in Fahrt gebracht, muß der Steuermann eine Möglichkeit zum schnellen Bremsen haben; denn er riskiert einen Bootsschaden, wenn er einem anderen Boot oder einem Brückenpfeiler durch Steuern nicht mehr ausweichen kann. Wir wiederholen das beidseitige Stoppen (*Lernschritt 5*). Das Manöver ist erfolgreich, wenn alle Ruderer schnell auf das Kommando «Stoppen – Stoppt!» reagieren und ohne Kursabweichung das Boot zum Halten bringen.

Das Rückwärtsrudern (*Lernschritt 6*) hat den gleichen Bewegungs-

ablauf wie im Einer (vgl. Seite 69–72). Wir können entweder den
direkten Weg vom beidseitigen Vorwärtsrudern mit Flachdrehen
zum beidseitigen Rückwärtsrudern mit Flachdrehen gehen oder den
‹Schritt-für Schritt-Weg› (vgl. Seite 71).
Da der Schüler im Gig-Doppelvierer zusätzlich zur Führung seiner
Skulls auf die synchrone Arbeit mit dem Schlagmann achten muß,
führt jetzt der direkte Weg häufig zu Überforderungen; der längere
Weg ist oftmals der bessere.
Das Manöver ‹Stoppen aus der Rückwärtsfahrt› *(Lernschritt 7)*
muß wieder schnell folgen, nachdem wir gelernt haben, das Boot
rückwärts zu beschleunigen. Es verläuft genauso wie im Lehrweg
Skiff und Trimmi beschrieben (vgl. Seite 72–74).
Die Wende (*Lernschritt 8*) ist wieder ein Zusammensetzen der
erlernten Manöver des Vorwärts- und Rückwärtsruderns. Der
Schulungsweg ist der gleiche wie im Einer (vgl. Seite 74–78). Bei
dieser Übung mit höheren Ansprüchen in der intraindividuellen
Koordination wird bei dem zusätzlichen Zwang zur interindividuellen Koordination der Bewegung deutlich, daß die Synchronisation
beim Rudernlernen im Mannschaftsboot eine zusätzliche Belastung
ist. Das Erlernen der Wende dauert meistens im Doppelvierer
länger und bereitet manchem Anfänger große Schwierigkeiten. Ge-
duld heißt hier die Devise für den Steuermann und Ruderlehrer.
Für einige Situationen benötigt man in der Mannschaftsgig ein
weiteres Manöver: die Skulls längsseits nehmen, so daß die Blätter
heckwärts zeigen. (*Zusatzlernschritt 5*) Das Kommando hierzu lautet: «Skulls – Lang!» – Das Manöver «Skulls – Lang!» wird zuerst
auf dem freien Wasser einseitig auf Backbord, einseitig auf Steuerbord und dann beidseitig geübt. Um nach diesem Manöver wieder
in die Arbeitsstellung zu kommen, heißt das Kommando «Skulls –
Vor!»
Das Ablegen (*Zusatzlernschritt 2*) ist im Gig-Doppelvierer in späteren Übungsstunden ebenso mit kräftigem seitlichen Abstoßen
möglich wie im Einer. Kommt die Mannschaft mit dem Boot nicht
weit genug weg vom Steg, um mit den Skulls an der Landseite
rudern zu können, lernen wir ein weiteres Manöver (*Zusatzlernschritt 6*). Wir nehmen auf das Kommando «Backbord (Steuerbord) Skulls – Lang!» die Skulls an der Landseite so parallel zur
Bordwand, daß das Blatt zum Heck zeigt. Dann drehen wir die
Blätter so, daß die Hohlseite nach außen, also vom Bootskörper

weg, zeigt, und paddeln jetzt mit den Blättern ab. Damit drängen wir das Boot vom Ufer weg.

Das Anlegen über Heck (*Zusatzlernschritt 3*) ist in Booten mit einem Hecksteuer nicht zweckmäßig, weil bei der Stegberührung gerade das empfindliche Steuer kollidiert und beschädigt werden kann. Zusatzlernschritt 3 hat für diesen Lehrweg keine Bedeutung. Das Anlegen wird in Booten mit Steuermann immer über Bug ausgeführt (*Zusatzlernschritt 4*). Das Manöver ist aber in der Mannschaftsgig mehr eine koordinative Leistung des Steuermanns. Der Anlegekurs soll einen Winkel von circa 30 Grad mit dem Steg bilden. Im Achter muß der Winkel spitzer sein als im Vierer; im Zweier kann er etwas größer sein. Der Steuermann beendet mit dem Kommando «Rudern – Halt!» die Ruderarbeit rechtzeitig, läßt das Boot gleiten, steuert im letzten Augenblick vom Steg ab und bringt das Boot parallel an die Stegkante.

Sollte die Steuerwirkung nicht ausreichen, um das Boot vom Steg abdrehen zu lassen, läßt er mit den Skulls auf der Wasserseite stoppen, um die Drehwirkung zu verstärken. Es gehört etwas Übung dazu, bis der Steuermann das Reagieren des Boots richtig einschätzen und vorausberechnen kann. Dennoch sollte jeder Ruderer bald lernen, die Funktion des Steuermanns auszufüllen.

Muß das Anlegemanöver an einem hohen Steg gefahren werden, an dem die Skulls nicht über den Steg geführt werden können, so nimmt man an der Landseite die Skulls lang.

Liegt unser Boot querab vom Anleger und ist kein Platz für ein schwungvolles Anlegemanöver vorhanden, so bringen wir das Boot mit ‹Anpaddeln› ans Ufer (*Zusatzlernschritt 7*). Wir nehmen die Skulls lang, drehen die Blätter auf der Landseite so, daß die Hohlseite zur Bordwand zeigt, und drängen den Bootskörper an den Steg, indem wir die Innenhebel mehrmals kurz nach außen drücken.

Beim Durchfahren von längeren Engpässen benötigt man ein weiteres Manöver. Die Skulls werden auf das Kommando «Skulls – Ein!» aus der Grundstellung eingezogen (*Zusatzlernschritt 8*). Das Manöver ist je nach Situation beidseitig oder einseitig zu fahren. Man hält jetzt die Skulls nicht mehr am Skullende fest, sondern greift weiter blattwärts zu. Bei langen, schmalen Durchfahrten kann man dann mit verkürzten Skulls vorsichtig rudern lassen. Man dreht dabei das Blatt nicht flach und macht mit kurzen Schlägen nur wenig Fahrt. Nach Passieren der Engstelle werden die Skulls auf das Kommando

«Skulls – Aus!» wieder in die Grundstellung gebracht.

Mit diesen zusätzlichen Manövern können wir jetzt auch in der Mannschaftsgig die meisten Ruderreviere befahren.

Unterrichtsbeginn mit Helfern

Ist die Strömung vor dem Bootshaus sehr stark, dann würden wir mit vier Anfängern im Boot sehr schnell abtreiben und eventuell bei aufkommendem Schiffsverkehr in eine gefährliche Situation geraten. In diesem Fall sollten wir für die ersten Unterrichtsstunden einige fortgeschrittene Ruderer als Helfer zur Verfügung haben. Wir besetzen den Gig-Doppelvierer mit zwei Fortgeschrittenen und zwei Anfängern. Mit den beiden fortgeschrittenen Ruderern an Bord kann der Steuermann das Boot in jeder Situation manövrieren. Die beiden Helfer nehmen die Ruderplätze 1 und 4 ein. Wo das Ruderrevier an ruhigeren Stellen einen Unterricht ermöglicht, läuft das Erlernen der Rudermanöver für die Anfänger in den gleichen Lernschritten ab wie im Lehrweg Mannschaftsgig beschrieben.

Da man jetzt einschließlich des Ruderlehrers drei Helfer für die Unterrichtung zweier Schüler benötigt, ist der Unterricht unökonomisch. Man sollte als verantwortlicher Ruderlehrer ernsthaft überlegen, ob in Bootshäusern an solchen Rudergewässern der Anfängerunterricht nicht in bessere Reviere ausgelagert wird, etwa in Form eines Blockkurses in den Ferien oder als Lernsequenz an mehreren Wochenenden.

Bootsrallye

Wenn wir zum Schluß des Lernkurses im Gig-Doppelvierer mit Steuermann einen Abschlußtest und ein Abschlußfest durchführen wollen, bei dem gezeigt werden kann, welche Mannschaft das Boot mit allen Manövern am besten beherrscht, dann organisieren wir eine Bootsrallye.

Es werden versteckte Ziele gesetzt, die nur zu erreichen sind, wenn die Mannschaft alle beschriebenen Manöver durchführen kann. In der geschickten Verschlüsselung der Aufgaben kann viel Pfiff liegen, der Spaß bereitet. Der Phantasie sind beim Auswählen der Aufgaben keine Grenzen gesetzt, und jedes Revier erlaubt und verlangt andere Aufgaben.

Zusammenfassung

Lernschritt 1: Gewöhnung an das Gerät, Sicherung der Balance plus Synchronisieren
Lernschritte 2 bis 4: Gefühl für die Blattlage erwerben mit dem Ziel, Vortrieb zu erzeugen; vorwärts rudern
Lernschritt 2: Erfühlen der richtigen Blattlage ohne Flachdrehen des Blatts
  Lernschritt 2 a: auf Backbord plus Synchronisieren
  Lernschritt 2 b: auf Steuerbord plus Synchronisieren
  Lernschritt 2 c: auf Backbord und Steuerbord gleichzeitig plus Synchronisieren

Variante A

Variante B
Lernschritt 3: Erfühlen der richtigen Blattlage mit Flachdrehen des Blatts
Lernschritt 3 a: auf Backbord plus Synchronisieren
Lernschritt 3 b: auf Steuerbord plus Synchronisieren

Lernschritt 4: Erfühlen der richtigen Blattlage mit Flachdrehen des Blatts auf Backbord und Steuerbord gleichzeitig plus Synchronisieren

Lernschritt 4: Erfühlen der richtigen Blattlage mit Flachdrehen des Blatts auf Backbord und Steuerbord gleichzeitig plus Synchronisieren

Lernschritte 5 bis 8: das Boot manövrierfähig machen
Lernschritt 5: Stoppen aus der Vorwärtsfahrt plus Synchronisieren
Lernschritt 6: Rückwärtsrudern plus Synchronisieren
Lernschritt 7: Stoppen aus der Rückwärtsfahrt plus Synchronisieren
Lernschritt 8: Wende
  Lernschritt 8 a: über Backbord plus Synchronisieren
  Lernschritt 8 b: über Steuerbord plus Synchronisieren
Zusatzlernschritte 2 bis 8: ergänzende Manöver, um das Boot noch besser manövrieren zu können
Zusatzlernschritt 2: Ablegen ohne fremde Hilfe
Zusatzlernschritt 4: Anlegen über Bug ohne fremde Hilfe
Zusatzlernschritt 5: Manöver «Skulls – Lang!» – «Skulls – Vor!»

Zusatzlernschritt 6: Abpaddeln
Zusatzlernschritt 7: Anpaddeln
Zusatzlernschritt 8: Manöver «Skulls – Ein!» – «Skulls – Aus!»

Die Verknüpfung der Lernschritte und Lernsituationen
für den Lehrweg Mannschaftsgig

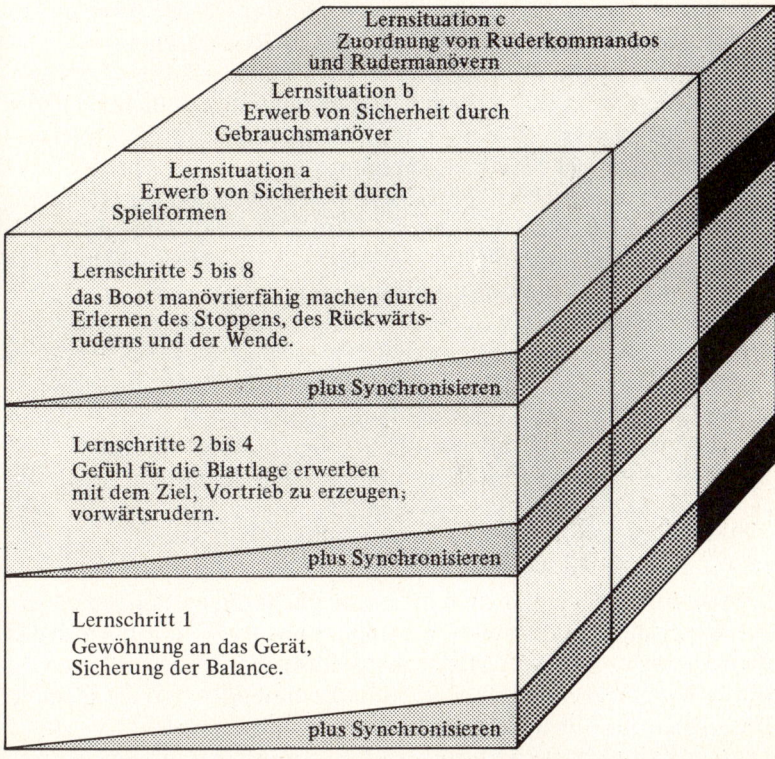

Je dunkler die Teilfläche auf der rechts sichtbaren Würfelseite erscheint, desto wichtiger sind die zugehörigen Lernschritte für diesen Lehrweg, desto besser werden auch die zugehörigen Lernsituationen in diesem Lehrweg ausgenutzt. Diese Würfelseite zeigt wieder eine stärkere Differenzierung. Es kommen alle fünf Helligkeitsstufen vor. Allerdings wird die höchste Intensität, die Stufe 5, nur auf der Vereinigungsfläche der Teilschicht Synchronisation mit der Säule Zuordnung von Ruderkommandos zu Rudermanövern erreicht. Da die Synchronisation in diesem Lehrweg nicht als Lernschritt 9 aufgestockt werden kann, wie im Lehrweg Skiff mit Ergänzung im Zweier ohne Steuermann, sondern bei jedem Lernschritt bereits geschult wird, erscheinen drei dunkle schmale Teilschichten hoher Intensität, was die Bedeutung der Synchronisation und die Schwierigkeit mit der Synchronisation in jedem Lernschritt angibt. Bei den größeren Teilflächen liegen die dunkleren Töne in der rechten Säule, was auf die Wichtigkeit der Ruderkommandos und ihre Umsetzung in Rudermanöver im Mannschaftsboot hinweist. Die hellsten Flächen erscheinen in der untersten Schicht, was die geringe Schulungsmöglichkeit der Balance ausweist. In den Vereinigungsflächen der Säulen der Spielformen und der Gebrauchsmanöver mit den Schichten der Lernschritte 2 bis 8, die zum Erlernen der richtigen Blattlage und zum Beherrschen aller Manöver führen, erscheint lediglich die Intensitätsstufe zwei, wie dies auch im Lehrweg Trimmi gegeben war. Damit treffen in diesem Bereich auch die gleichen Befürchtungen für das Auftreten von ‹Pfusch›-Fehlern zu. Die breite und schwere Mannschaftsgig reagiert auf kleine Fehler in der Blattführung nicht. Die Gefahr, daß sich die Anfänger ‹Pfusch›-Fehler angewöhnen, ist nur dadurch zu mildern, daß der auf dem Steuerplatz sitzende Ruderlehrer ständig als Kontrollinstanz wirkt und korrigierend eingreift. Der Lehrer muß sich darüber im klaren sein, daß er vom Steuersitz aus nicht alle Fehler, vor allem nicht bei den bugwärts sitzenden Ruderern, erkennen und verbessern kann.

Die Lehrweise in der Mannschaftsgig ermöglicht einen Weg, der geringe Anforderungen an die Geschicklichkeit, an das Balanciervermögen der Ruderschüler stellt, aber hohe Anforderungen an das Sich-Einordnen in den Mannschaftsrhythmus. Insbesondere wird große Aufmerksamkeit für die Ruderkommandos und die schnelle und synchrone Umsetzung in die Rudermanöver verlangt.

Der Lehrweg Mannschaftsgig zeigt die größte Toleranz gegen äußere Störfaktoren im Ruderrevier wie Schiffsverkehr oder Strömung. Für Schüler im Geschicklichkeitsalter sollte das Übungsprogramm in der Mannschaftsgig nur eine Durchgangsphase darstellen. Bei zu langem Üben gewöhnen sie sich wie im Lehrweg Trimmi ‹Pfusch›-Fehler an, insbesondere beim Erhalten der Balance. Diese sind nach dem Übergang in schmalere Boote nur noch schwer zu korrigieren.

Vergleich der drei Lehrwege
Skiff, Trimmi und Mannschaftsgig

Wir führen den Vergleich unter verschiedenen Aspekten durch:

1. Von den *Ansprüchen* her, die der *Lehrweg an das Gewässer* stellt. Die höchsten Anforderungen stellt der Lehrweg Skiff: möglichst strömungsfreies Gewässer ohne Schiffsverkehr. Etwas niedrigere Ansprüche stellt der Lehrweg Trimmi: geringe Strömung und gelegentlicher Schiffsverkehr sind vertretbar. Die geringsten Ansprüche stellt der Lehrweg Mannschaftsgig: fast auf jedem ruderbaren Gewässer durchführbar, wenn man die Möglichkeit einbezieht, fortgeschrittene Ruderer in die Mannschaft einzubauen.

2. Von den *Ansprüchen* her, die *an den Ruderschüler* gestellt werden. – Der ältere, erwachsene Ruderschüler ist von der Balancierfähigkeit her im Skiff überfordert. Trimmi und Mannschaftsgig kommen seinen Voraussetzungen mehr entgegen. Der Schüler im Geschicklichkeitsalter ist im Trimmi und in der Mannschaftsgig, was die Auslastung der Geschicklichkeit und des Balanciervermögens angeht, unterfordert, dagegen im Skiff richtig gefordert.

3. Von der *Qualität des Ziels* her, das angesteuert wird. – Die Beherrschung aller Bootsgattungen, einschließlich der schmalen Rennboote, wird nur im Lehrweg Skiff optimal erreicht. Die Beherrschung der breiten Gigs für das Fahrten- und Wanderrudern kann auch über die Lehrwege Trimmi und Mannschaftsgig ausreichend abgesichert werden.

Der Lehrweg Trimmi zeigt in der Schaufläche der rechten Würfelseite (Seite 132) die geringste Differenzierung. Das bedeutet:

- Höhere Lernstufen wie perfekte Wasserarbeit, die auch zur Beherrschung schmaler Boote qualifizieren, oder die Synchronisation der Ruderarbeit mit Partnern werden nicht erreicht.
- Die geringeren Anforderungen korrespondieren mit geringen Schwierigkeiten in den einzelnen Lernschritten, mit geringen Voraussetzungen beim Schüler und mit kurzen Lernzeiten.

Der Lehrweg Trimmi ist der ideale Lehrweg, um ältere Ruderschüler so ins Rudern einzuführen, daß sie schnell zum eigentlichen

Vergleich der drei Lehrwege

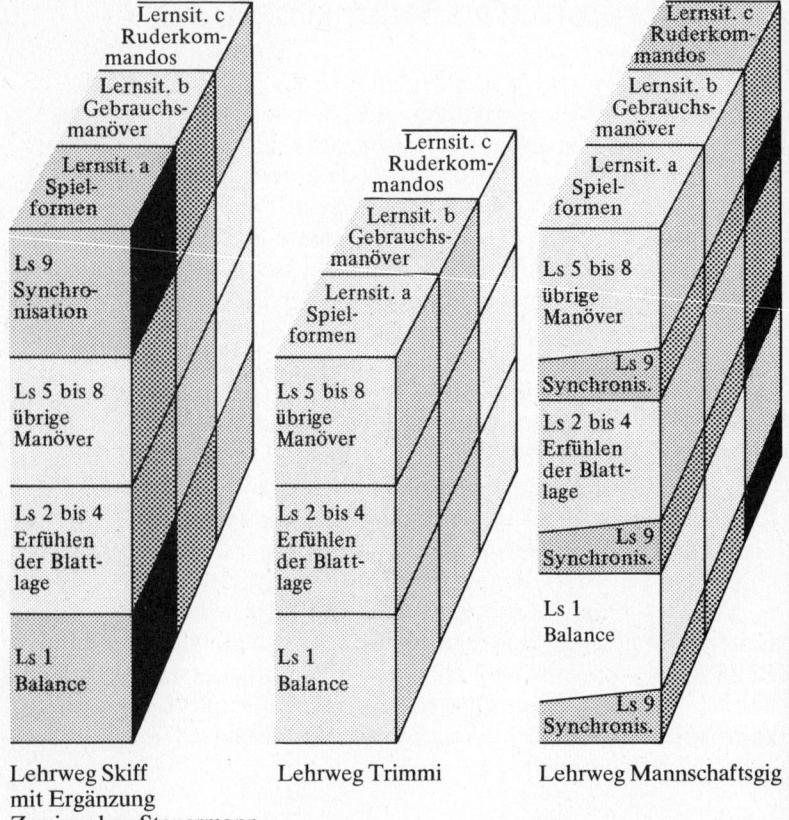

Lehrweg Skiff   Lehrweg Trimmi   Lehrweg Mannschaftsgig
mit Ergänzung
Zweier ohne Steuermann

Erlebnis dieser Sportart kommen, nämlich der Fortbewegung auf
dem Wasser mit eigener Kraft.
Der Trimmi ist aber nicht nur ein ideales Lerngerät; er kann auch als
Sportgerät für eine lebenslange Benutzung eingesetzt werden. Man
findet den Trimmi in der Bootsflotte eines Vereins; doch ist er
wegen seiner Robustheit, einfachen Lagerungs- und Transport-
möglichkeit (Autodachgepäckträger) auch geeignet, im Schreber-

garten, am Wochenendhaus oder auf dem Campingplatz am See gelagert zu werden. Der Trimmi kann Grundlage und Anreiz sein, die Freizeit aktiv mit Rudern zu gestalten.

Vom Lernkurs Trimmi, der im Schullandheimaufenthalt, im Urlaub, im Rehabilitationssport einer Kurklinik oder auch als Blockkurs in einer Mitgliederwerbeaktion eines Rudervereins durchgeführt werden kann, führt der Weg direkt zum Fahrten- und Wanderrudern.

Der Lehrweg Mannschaftsgig zeigt in der Schaufläche der rechten Würfelseite einen hohen Grad von Differenzierung. Das bedeutet: Unterschiedliche Lernbereiche werden verschieden stark entwickelt. Von den ersten Übungen an ist die Arbeit im Gleichtakt in der Mannschaftsgig nötig, so daß die Synchronisation hohe Intentitätswerte erreicht. Allerdings liegen die hohen Intensitäten lediglich im Bereich der Ausführung der Rudermanöver auf Kommando. In den wesentlichen Lernbereichen, beim Vorwärtsrudern und beim Erlernen der übrigen Manöver durch Spielformen und Gebrauchsmanöver, wird nur die gleiche schwache Intensität erreicht wie im Trimmi, im Bereich der Balanceschulung sogar die schwächste Intensitätsstufe, die in diesem Schema vorgesehen ist. Höhere Lernziele wie perfekte Wasserarbeit, die auch zur Beherrschung schmaler Boote qualifizieren, oder die perfekte Synchronisation in der Rudertechnik, wie sie der Zweier ohne Steuermann verlangt, werden nicht erreicht.

Die geringeren Anforderungen an die technische Perfektion, ständig vermehrt durch den Zwang zur Synchronisation, korrespondieren mit mittleren Schwierigkeitsgraden der einzelnen Lernschritte, mit geringen Voraussetzungen auf seiten des Ruderschülers und mit mittleren Lernzeiten.

Der Lehrweg Mannschaftsgig ist der beste Lehrweg für schwierige Ruderreviere mit Strömung und Schiffsverkehr. Bei längeren Lernzeiten, im Vergleich zum Lehrweg Trimmi, kommt der Schüler dennoch zum eigentlichen Erlebnis der Sportart Rudern, sich auf dem Wasser mit eigener Kraft fortzubewegen.

Die größere Ausfahrt am Ende des Lernkurses im Lehrweg Mannschaftsgig leitet bruchlos zum *Anwendungsbereich Fahrten- und Wanderrudern* über.

Die Lagerung eines Gig-Doppelvierers mit Steuermann (Länge 11 m) erfordert eine Bootshalle, das Einsetzen des Bootes einen großen Steg, der Transport in ein Urlaubsruderrevier einen speziellen Bootsanhänger. Dies sind Voraussetzungen, die nur ein Ruderverein bietet. Darum wird sich die Anwendung dieses Lehrwegs auf das Vereinsrudern beschränken. Für die beim Trimmi genannten Erweiterungen im vereinsunabhängigen Freizeitsport ergeben sich Barrieren.

Auf einen nicht jugendgerechten Einsatz der Gig nach Abschluß des Lernkurses muß hingewiesen werden. Noch wird ein Teil der *Rennen* im Jugendbereich in der Gig ausgetragen, weil die Gig billiger ist als die für den Rennbereich wirklich geeigneten Rennboote. Die Gig hat ihren zweckmäßigen Anwendungsbereich im Fahrten- und Wanderrudern, weshalb in diesem Bootstyp auch Stauraum für Gepäck vorgesehen ist. Der Einsatz im Rennen ist eine falsche Verwendung. Es wird dann in der Gig ein intensives Training betrieben, das der so für den Leistungssport interessierte Jugendliche vielleicht im Rennrudern fortsetzen möchte.

Im Rennboot selbst erfährt er, daß die im Jugendalter im Skiff so leicht schulbare Balancesicherheit nicht in ausreichendem Maße entwickelt worden ist, um in höhere Leistungsstufen aufsteigen zu können. Dieses Bedenken trifft nicht zu, wenn sich die Arbeit in der Gig auf das Durchlaufen eines Lernkurses beschränkt, wo das Revier von seiner Gefährlichkeit her keine andere Lernbootsgattung zuläßt.

Bedenken gegen die Verwendung der Gig sind auch nicht vorhanden, wenn es sich um Ruderschüler handelt, die, bedingt durch ihr Alter, eine spätere Anwendung ihrer Technik im Rennrudern mit den höheren Ansprüchen im schmalen Rennboot nicht mehr in Erwägung ziehen. Steht das Fahrten- und Wanderrudern von vornherein als einzige Rudertätigkeit fest, ist der Lehrweg in der Mannschaftsgig ein sinnvoller Einstieg in die Sportart.

Der Lehrweg Mannschaftsgig läßt sich gut mit dem Lehrweg Trimmi kombinieren, sowohl additiv als auch vermischt. Es ist von der Organisation einer Ruderstunde her ideal, wenn man zwei bis drei Trimmis zusätzlich zu den Gig-Vierern zur Verfügung hat. Dann gibt es bei keiner Teilnehmerzahl in einer Übungsstunde überzählige Teilnehmer. Tauscht man die Trimmi- mit den Gigplätzen aus, kann am Ende des Lernkurses jeder zusätzlich den Trimmi handhaben. Auf diese Weise erschließen sich doch noch die oben genannten Anwendungsbereiche im privaten Feierabend- und Urlaubssport.

Der Lehrweg Skiff mit Ergänzung im Zweier ohne Steuermann zeigt in der Schaufläche der rechten Würfelseite (Seite 132) einen hohen Differenzierungsgrad. Höchste Lernziele wie perfekte Wasserarbeit, vor allem optimale Lösung der Balanceprobleme und der Synchronisation werden angestrebt, und zwar nicht nur im Bereich der formalen Einheitlichkeit bei der Ausführung der Ruderkommandos, sondern in der präzisen Abstimmung der Rudertechnik im Zweier ohne Steuermann.

Die hohen Anforderungen müssen mit guten Voraussetzungen der Lernfähigkeit, insbesondere in der Geschicklichkeit und bei Balanceaufgaben, bei den Schülern im Geschicklichkeitsalter korrespondieren.

Die hohen Ziele fordern gute Voraussetzungen in der äußeren Lernsituation. Ein strömungsloses und schiffahrtsfreies Übungsrevier ist nötig. Sind diese Voraussetzungen gegeben, können auch bei den hohen Ansprüchen kurze Lernzeiten erreicht werden, bedingt durch die guten *feedback*-Eigenschaften der ‹Lernmaschine Skiff›.

Der Lehrweg Skiff mit Ergänzung im Zweier ohne Steuermann ist der ideale Lehrweg für Kinder und Jugendliche. Er eröffnet in kurzer Zeit durch exemplarisches Lernen im Skiff den Zugang zu allen Bootsgattungen und allen Bereichen des Rudersports – sowohl zum Rennrudern wie zum Wanderrudern. Wie ich als Ruderlehrer oder Elternteil ein Kind nicht auf den Leistungssport fixieren oder gar auf einen bestimmten Wettkampfsport festlegen sollte, so sollte ich es auch nicht auf Nicht-Leistungssport und bei der Ruderausbildung auf Nicht-Rennrudern festlegen. Wer später im Rennrudern Erfolge haben will, für den ist der Lehrweg Skiff im Jugendalter nicht nur angemessen, sondern auch notwendig, damit die diffizile Balancierfähigkeit in dem Alter geschult wird, in dem sie noch optimal schulbar ist.

Das Skiff bleibt die ideale Lernmaschine für Kinder und Jugendliche im Ruderunterricht. Der Schulungsbereich wird sich in der Hauptsache für das traditionelle Angebot in den Jugendgruppen der Rudervereine erstrecken. Der Bereich kann aber ausgedehnt werden. Das unempfindliche Jugendskiff, ebenso wie der Kunst-

stoffeiner für Erwachsene, kann in Landschulheimen eingesetzt
werden, wenn sie an einem geeigneten Ruderrevier liegen, ebenso
wie in Blockkursen in einer Mitgliederwerbeaktion eines Rudervereins für Kinder und Jugendliche.

Bei idealen äußeren Voraussetzungen bedarf der Lehrweg Skiff mit
Ergänzung im Zweier ohne Steuermann keiner Ergänzung durch
andere Lehrwege; denn nach dem Durchlaufen des Kurses kann der
Schüler in allen Bootsgattungen in jedem Anwendungsgebiet wei-
terrudern.

Bei ungünstigen äußeren Voraussetzungen, zum Beispiel zu kaltem
Wasser für den Unterricht in kenterbaren Skiffs, ist eine Vorschulung in Trimmis als Kombination beider Lehrwege möglich. Ebenso
kann ein gemischter Einsatz von Skiffs und Trimmis einer Lerngruppe sinnvoll sein, wenn sehr ängstliche Schüler dabei sind, denen
man im Trimmi unnötige Mißerfolge durch viele Kenterungen im
Skiff erspart. Auch eine Einbeziehung der Mannschaftsgig in den
Lehrweg Skiff ist zur Ergänzung der Synchronisation von Ruderkommandos und Rudermanöver nützlich.

Hat der Ruderlehrer die Möglichkeit, seinen Schülern alle drei
Lehrwege anzubieten, dann sollte er je nach den Voraussetzungen
der Gruppe wie Alter und persönliche Wünsche solche Kombina-
tionen der Lehrwege wählen, daß die an hohen Intensitäten (dunkle
Flächen auf den Schauflächen der Würfel) erkennbaren Stärken des
Lehrwegs den Schülern voll zugute kommen.

Fahrten-
und Wanderrudern

Das Fahrten- und Wanderrudern bietet *eine* Möglichkeit, das Rudern nach einem Lernkurs fortzusetzen. Von der Tagesfahrt als Abschluß des Lernkurses gibt es überhaupt keine Barrieren mehr bis zur Teilnahme an kleinen und großen Fahrten im Wanderrudern.

Im Fahrten- und Wanderrudern kann man Übungsumfang und -intensität variabel halten. Selbst wer nur gelegentlich in das Bootshaus kommt, kann mitmachen. Der höhere gesundheitliche Wert liegt natürlich in der regelmäßigen Betätigung.

Die längeren Ausfahrten stellen mit der Belastung in mittlerer Intensität bei Beteiligung aller größeren Muskelgruppen des Körpers nicht nur einen optimalen Reiz in physiologischer Sicht dar, sondern wirken auch beruhigend auf den nervlich stark belasteten Bürger unserer Industriegesellschaft. Beim Wanderrudern in schöner landschaftlicher Umgebung kann man wie beim Trablauf oder Skilanglauf den Alltag vergessen und mit dieser idealen *steady state*-Belastung Körper und Nerven erholen.

Vom Ruderschüler zum Wanderruderer

Der Abschluß unseres Lernkurses mit einer Ruderrallye in der Mannschaftsgig oder mit einer Fuchsjagd hat gezeigt, daß wir alle Ruderkommandos kennen und alle Rudermanöver zuordnen und ausführen können. Wenn wir uns in Mannschaften zusammenfinden, deren Mitglieder verschiedene ruderische Vorkenntnisse aufweisen, überprüfen wir unser Können schnell in einem spielerischen Wettbewerb.

Wir fahren einen Slalom mit vielen natürlichen Hindernissen im Gig-Doppelvierer mit Steuermann und hängen das Steuer aus. Die Mannschaft kann den schwierigen Kurs jetzt nur mit exakt ausgeführten Rudermanövern meistern. Können wir solche Aufgaben lösen, sind wir rudertechnisch ausreichend auf das Wanderrudern vorbereitet.

Um uns an die längeren Belastungen im Wanderrudern zu gewöhnen, steigern wir systematisch den Umfang der Ruderzeit. Wir rudern zwei bis drei Kilometer ohne Unterbrechung durch. Dabei nehmen wir uns durchaus Zeit, um bei kleinen Stopps ein Gespräch zu führen oder um uns die Landschaft anzuschauen. Aber wir steigern die Gesamtfahrstrecke in einer Übungseinheit langsam.

Wir wechseln auf der Übungsfahrt auch vom Ruderplatz zum Steuerplatz. Damit wird nacheinander jeder Ruderer zum Steuermann ausgebildet. Auf längeren Wanderfahrten ist der Aufenthalt auf dem Steuerplatz – in verkehrsmäßig einfachen Gewässern – zugleich eine Erholungszeit. Mit diesen Auswechselzeiten auf dem Steuerplatz können wir die Fahrstrecke in der Übungsstunde wieder verlängern.

Man sollte sich vor der ersten Ganztagsfahrt oder vor einer mehrtägigen Wanderfahrt unbedingt an das Rudern über längere Strecken gewöhnen, damit man nicht sich und den Mitfahrern die Freude an der Ausfahrt durch typische Beschwerden des Anfängers im Wanderrudern verdirbt.

Es gibt zwei Schwierigkeiten, mit denen jeder, der mit dem Wanderrudern beginnt, rechnen muß. Der Rollsitz ist eine harte Sitzunterlage, die man nicht selten stundenlang ‹besitzt›. Der Neuling kann dabei anfangs Beschwerden verspüren. Als Abhilfe kann man ein Ruderkissen aus Schaumstoff in der Größe der Sitzplatte benutzen. Der Schaumstoff sollte etwa zwei bis vier Zentimeter dick sein und darf sich nicht zu weit zusammendrücken lassen. Der erfahrene Wanderruderer hat sich meist so an den harten Rollsitz gewöhnt, daß er das Ruderkissen nicht mehr braucht; doch der Anfänger sollte hier keinen falschen Ehrgeiz entwickeln. Man wird nicht dadurch zum Wanderruderexperten, daß man das Ruderkissen ver-

Auf Wanderfahrt durch eine schöne Flußlandschaft

schmäht. Mit durchgerudertem Gesäß werden die letzten Tageskilometer für den Betroffenen zur Qual, und da das Boot bei dessen unruhigem Sitzverhalten ständig hin und her wackelt, schränkt das auch bei den Mitfahrern den Genuß an der Fahrt ein.

Blasen an den Händen sind die zweite Schwierigkeit für den Anfänger auf Wanderfahrten. Stundenlang wirkt der Zug an den Skullgriffen an derselben Stelle auf die Haut der Handfläche. In diesem Fall ist das beste Mittel, die Haut durch langsame Steigerung der Ruderzeit so an die Belastung zu gewöhnen, daß durch die in lebenden Organismen erfolgende Anpassung eine Verstärkung der Haut (Schwielenbildung) als Schutzfunktion einsetzt. Alle Patentlösungen mit Fremdschutz haben Nachteile. Der Versuch, mit Schutzriemen der Reckturner zu rudern, verlagert die Blasen von der Innenhand an die Ränder der Riemen. Der Versuch, mit Fingerhandschuhen zu rudern, führt zu einer unsicheren Skullführung und zu vielen ‹Krebsen›. Krebse sind nicht gelungene Ruderschläge durch schräges Einsetzen des Blatts und zwangsläufig folgendem zu tiefem Eintauchen. Dann ist das Blatt beim Ausheben sehr schwer oder gar nicht aus dem Wasser zu bringen – wie wenn ein Krebs mit der Schere festhält. Dadurch verkrampft die Unterarmmuskulatur.

Wenn jemand ohne ausreichende Vorbereitung durch kurze Fahrten auf längere Wanderfahrt gehen will und dazu noch sehr empfindliche Hände hat, lohnt der Versuch, mit ‹Autofahrerhandschuhen› oder mit alten Lederhandschuhen, bei denen die Fingerlinge abgeschnitten sind, zu rudern. Dieses Patent hat sich im Einzelfall als brauchbare Übergangslösung bewährt. Es bleibt aber der beste Schutz, die Haut langsam an die Belastung zu gewöhnen, das heißt viele Kilometer vorher zu fahren.

Die Blasenbildung kann vermindert werden, wenn man zur Wanderfahrt die richtigen Skullgriffe hat. Während man im Rennrudern und im Anfängerunterricht mit Gummigriffen fahren sollte, benutzt man auf längeren Ausfahrten besser Holzgriffe, die aber weder eine rauhe Oberfläche haben sollten noch verschmutzt sein dürfen, weil sie dann bei Nässe schmierig werden und schwer zu halten sind.

Planung einer Wanderfahrt

Kurze Halbtagsfahrten und Tagesausflüge bedürfen keiner besonderen Vorbereitungen. Man trägt eine der Außentemperatur angemessene Bekleidung: Turnzeug bei warmem Wetter, Trainingsanzug bei kaltem Wetter. Für den Steuermann liegt zusätzlich ein Anorak oder ähnliches an Bord bereit. Ein Regenschutz (etwa eine Öljacke) empfiehlt sich, falls man von einem Schauer auf dem Wasser überrascht wird. Will man bei Nieselregen weiterfahren, zieht man am besten einen sogenannten Paddleranorak oder ein Schneehemd an. Das luftdichte Ölzeug ist nur für den Steuermann geeignet; beim Rudern im Ölzeug wird man durch Schwitzen schnell von innen naß.

Ist eine größere Pause mit ausgedehntem Landgang geplant, dann nimmt man zweckmäßigerweise einen zweiten trockenen und sauberen Trainingsanzug mit. Es läßt sich nämlich nicht vermeiden, daß der Trainingsanzug, mit dem man rudert, langsam immer mehr Bekanntschaft mit Dollenfett macht. Natürlich ist auch ein Jeansanzug für den Landgang geeignet.

Für größere Fahrten muß mehr vorausgeplant werden, als nur auf eine zweckmäßige persönliche Ausrüstung zu achten.

Neben der Halbtagesfahrt und der Tagesfahrt kommen folgende Formen von Wanderfahrten in Frage:

die Wochenendfahrt,

die Etappenfahrt an mehreren Wochenenden und

die Urlaubsfahrt über eine oder mehrere Wochen.

Längere Fahrten werden meist nicht vom heimatlichen Bootshaus aus gestartet. Man fährt in schönere Gegenden, wenn das eigene Bootshaus an einem tristen Industriekanal liegt oder weil man einfach ein anderes Rudergewässer kennenlernen will.

Fremde Gewässer befährt man mit Leihbooten oder mit eigenen Booten. Die Boote des eigenen Vereins werden auf einem speziellen Bootsanhänger verladen, den man mit einem Pkw zum geplanten Startplatz der Wanderfahrt schleppt. Am Zielort verlädt man die Boote wieder auf den Hänger und fährt zum Heimatbootshaus zurück. Leihboote versucht man von einem Ruderverein in dem gewünschten Wanderrevier zu erhalten. An besonders interessanten Wanderrevieren hat der Deutsche Ruderverband verbandseigene Boote bei den dort ansässigen Rudervereinen stationiert, die den Mitgliedern aller Rudervereine zur Verfügung stehen (Anschriften siehe Seite 197–200).

Der Fahrtleiter muß daran denken, rechtzeitig die Leihboote zu bestellen oder einen Bootsanhänger mit Schleppfahrzeug zu organisieren. Es ist bei Wanderruderern üblich, auf Luftmatratzen in den Bootshäusern der Rudervereine, die an der Fahrstrecke liegen, zu übernachten. Auch hierfür ist eine rechtzeitige Anmeldung wichtig.

Der erste Schritt in der Planung ist aber die Festlegung der Strecke, auf der die Wanderfahrt stattfinden soll. Hierbei muß man zwei verschiedene Ausgangssituationen unterscheiden. Der erste Fall: Eine Gruppe, in der sich alle Teilnehmer vom gemeinsamen Lernkurs her oder von vorhergehenden Wanderfahrten kennen, plant eine Wanderfahrt. Dann wird im allgemeinen die ganze Gruppe das Fahrrevier auswählen, und einer aus der Gruppe übernimmt die Organisation. In diesem Fall ist auch die Leistungsfähigkeit der einzelnen Teilnehmer bekannt, und man kann eine Streckenplanung mit angemessenen Tagesetappen aufstellen.

Der zweite Fall: Eine Wanderfahrt wird clubintern oder auch überregional ausgeschrieben. Dann wird vorher ein Fahrtleiter bestimmt, der das Fahrgewässer möglichst kennt. Er übernimmt die Detailplanung, die Besorgung des Rudergeräts, die Quartieranmeldung usw. In diesem Fall ist es wichtig, daß der Fahrtleiter mit der Ausschreibung seine ihm noch nicht bekannten Fahrtteilnehmer genügend darüber informiert, was sie auf diesem Fahrgewässer erwartet. Es muß klar ersichtlich sein, ob es sich von der Schwierigkeit und von der Länge der Tagesetappen her um eine Fahrt für Anfänger im Wanderrudern oder für erfahrene Wanderruderer handelt. Die Erwartungen der Teilnehmer decken sich um so besser mit dem später Erlebten, je genauer die Ausschreibung das angibt, was auf sie zukommt. Das ist eine Voraussetzung, um zufriedene Teilnehmer zu haben, die nach der Fahrt zu begeisterten Propagandisten des Wanderruderns werden können.

Um die in Ausschreibungen genannten Tagesetappen richtig einschätzen zu können, sollte man wissen, daß ein Doppelvierer mit Steuermann mit vollem Gepäck, aber mit einer eingefahrenen Mannschaft besetzt, etwa 8 km/Std. zurücklegt. Das gilt für stromloses Wasser ohne wesentlichen Windeinfluß. Stromab und mit Wind im Rücken (des Steuermanns) kann man erheblich schneller sein (bis zur doppelten Geschwindigkeit). Andererseits schafft man aber bei starkem Gegenwind trotz harter Ruderarbeit häufig nur 4 km/Std. über Grund. Gerät man etwa im Unterlauf von Elbe oder Weser noch dazu in die Gegenströmung von Ebbe oder Flut, dann kommt man manchmal trotz maximaler Anstrengung kaum noch voran.

Man sollte Bootsmaterial auswählen, das für Wanderfahrten gut geeignet ist. Zunächst sind Skullboote den Riemenbooten vorzuziehen, und zwar wegen der symmetrischen Belastung bei der längeren Arbeit. Dann kommen Gig-Doppelvierer und -zweier mit Steuermann vorzugsweise in Frage, weil der Achter in engen Gewässern schwer zu manövrieren ist und in offenen Gewässern am ehesten Spritzwasser übernimmt. Im Normalfall ist auch der Einer ohne Steuermann nicht geeignet.

Für Fahrten in Küstengewässern kommt noch die Seegig in Betracht. Sie wird mit hohen Wellen am besten fertig, ist aber nicht als seetüchtiges Fahrzeug einzustufen. Ein Nachteil darf nicht übersehen werden: Sie ist ein Riemenboot.

Kunststoffgigs sind besser geeignet als Holzboote, weil sie unempfindlicher sind. In der Gig Art D (und auch A) kann man mehr

Gepäck verstauen als in der schmaleren Gig Art C (und auch B). Am besten sind Boote mit festem Verdeck, weil am Bug überkommende Brecher dann nicht ins Boot laufen; unter den Luken mit Schraubverschluß bleibt das Gepäck absolut trocken. – Das persönliche Gepäck sollte in Segeltuchtaschen, im Seesack oder ähnlichen Behältern verstaut sein. Sperrige Behälter wie Koffer sind ungeeignet.

Wenn man in dem Fahrgebiet am Ufer zelten will, sollte man mehrere kleine Zelte mitnehmen. Das schwere Gestänge der größeren Steilwandzelte belastet die Boote zu sehr.

Häufig führt man Wanderfahrten mit einem Begleitfahrzeug (Kleinbus oder Pkw) durch. Dann wird das große Gepäck mit dem Begleitfahrzeug transportiert, und nur das Handgepäck ist an Bord. In diesem Fall können die oben genannten Gepäckeinschränkungen entfallen. Man kann mit voller Campingausrüstung fahren, mit Propangaskocher, Steilwandzelt und Campingtisch. Manche Freunde des Wanderruderns allerdings halten diese Wanderfahrten mit Begleitfahrzeug nicht für zünftig.

Zur Vorbereitung der Wanderfahrt gehört, daß der Fahrtenleiter gutes Kartenmaterial über die zu durchfahrende Gegend sowie Tourenbeschreibungen und Wanderführer besorgt. Wichtigste Quelle ist das «Handbuch für Wanderruderer», das der Deutsche Ruderverband herausgibt. Enthalten sind Streckenbeschreibungen sämtlicher deutscher mit Ruderbooten befahrbarer Gewässer und allgemeine Hinweise zum Verhalten auf Wanderfahrten. Es sind ferner einige ausländische Rudergewässer beschrieben. Weitere Auskünfte zu verschiedenen ausländischen Wanderruderrevieren erhält man auf Anfrage beim Deutschen Ruderverband, Ausschuß für Wanderrudern (Anschrift siehe Seite 200).

Der Fahrtenleiter muß sich nach den Schiffahrtsregeln erkundigen, die in dem Wanderrudergebiet gelten, und diese dann allen Teilnehmern, zumindest allen Bootsführern, vor Beginn der Fahrt mitteilen, wobei den erfahrenen Wanderruderern nur die Ergänzungen oder Änderungen für dieses Revier mitgeteilt werden müssen. Gegebenenfalls sind Schleusenzeiten und die Benutzbarkeit von Sportbootschleusen vorher zu erfragen.

Bei jugendlichen Teilnehmern muß der Fahrtleiter sich vor Antritt der Fahrt das schriftliche Einverständnis der Erziehungsberechtigten vorlegen lassen.

Durchführung einer Wanderfahrt

Die Boote sind wanderfahrtmäßig auszurüsten. Neben der normalen Ausrüstung mit Steuer, Steuersitz und -lehne, Bodenbrettern
und Skulls kommen jetzt für jedes Boot hinzu:
> zwei Bootshaken, die auch zum Paddeln geeignet sein sollen,
> eine Bugleine und eine zweite Leine zum Festlegen des Boots,
> eine Vereinsflagge und auf Schiffahrtsstraßen der Verbandswim-
> pel (dies ist eine wasserpolizeiliche Vorschrift, da die Ruderboo-
> te kein weiteres Registrierkennzeichen tragen).

Nur in einem Boot (bei einer Flottenstärke von fünf bis sechs
Booten, bei größerer Flotte mehrfach) sind zusätzlich mitzu-
nehmen:
> ein Paar Ersatzskulls, eine Reservedolle, ein Ersatzrollsitz, ein
> Werkzeugkasten mit Reparaturbeutel zur Leckdichtung und ein
> wasserdichter DIN-Verbandskasten.

Sind die benutzten Boote nicht mit einem festen Verdeck ausgestattet, dürfen die abnehmbaren Verdecke nicht vergessen werden.
Wenn diese nicht vorhanden sind, ist ein Notverdeck aus Persennin-
gen herzustellen. Fährt man über windanfällige Strecken, auf denen
hohe Wellenbildung zu erwarten ist, ist es zweckmäßig, eine Lenz-
pumpe an Bord zu haben oder wenigstens eine Schöpfdose zum
Pützen.
Noch ein paar Tips für das Verteilen der Teilnehmer und des
Gepäcks. Die Ruderer sollten sich so auf die Boote verteilen, daß
diese gleich stark besetzt sind und nicht ein ‹Schnellboot› entsteht,
in dem sich die stärksten Ruderer versammeln. Gepäck, insbesondere Gruppengepäck, sollte so verteilt werden, daß die Boote gleich
ausgelastet sind. Es sollte kein Boot erheblich stärker beladen werden, dadurch tiefer einsinken und durch das geringere Freibord auf
einer windanfälligen Strecke eher vollschlagen.
Bei stärkerer Belastung durch Gepäck liegen die Boote etwa 2
bis 3 cm tiefer im Wasser. Um dieses Stück müssen die Dollen
höhergelegt werden, damit man mit den Blättern frei vom Wasser
und mit den Innenhebeln frei von den Oberschenkeln rudern kann.
Das Gepäck muß in jedem Boot so verstaut werden, daß das Boot
weder nach Backbord noch nach Steuerbord hängt, und außerdem
so, daß das Boot weder heck- noch buglastig ist.

Wanderrudern bei rauhem Wasser

Man muß beim Verstauen des Gepäcks ferner darauf achten, daß die Gegenstände, die im Tagesablauf benötigt werden, nicht tief unten in den Laderäumen gelagert werden. Zu dem ‹Platzgepäck›, das im Fußraum bei jedem Ruderer verstaut wird, zählen Geld und Ausweispapiere, eventuell ein Fotoapparat oder eine Filmkamera, gegebenenfalls etwas Obst und auch eine Trinkflasche. Bei sonnigem Wetter gehört hierher vor allem Sonnenschutzcreme.
Die Wirkung der Sonnenstrahlen, die durch die Reflexion auf der Wasseroberfläche verstärkt wird, wird häufig unterschätzt. Deshalb ist der Sonnenbrand, der typischerweise zuerst auf den Oberschenkeln einsetzt, als dritte Schwierigkeit der Neulinge auf Ruderwanderfahrten einzuschätzen. Wenn man während der Fahrt nachcremt, eröffnet sich eine neue ‹Anfängerfalle›. Mit den gleichzeitig eingecremten Handflächen kann man bald darauf die Skullgriffe sehr schlecht halten, wodurch die Blasenbildung gefördert wird. Man muß also darauf achten, daß keine Cremereste an den Handflächen verbleiben.
Der Fahrtleiter sorgt vor Antritt der Fahrt dafür, daß ein Verwalter des Verbandskastens und ein Materialwart gewählt werden. Diese sind vor allem dafür verantwortlich, daß Verbandskasten und Werkzeugkasten stets einsatzbereit sind, vor allem nicht beim Ein-

laden nach der Übernachtung oder an einer Übertragestelle liegen bleiben oder schwer erreichbar verstaut werden. Die beiden Verwalter sollten möglichst im letzten Boot sitzen, damit ein Havarist gegebenenfalls auf Hilfe warten kann und bei technischem Defekt nicht noch das Werkzeugboot einholen muß.

Ist zu erwarten, daß die Flotte nicht auf Ruf- und Sichtweite fährt, muß in jedem Boot ein Bootsführer mit ausreichender Erfahrung sein, der gegebenenfalls bei Gefahr selbständig richtige Entscheidungen treffen kann, zum Beispiel rechtzeitiges Landen bei aufkommendem starken Wind.

Einige Tips für den Steuermann auf Wanderfahrt:

Hohe Wellen nimmt man parallel; man schneidet sie niemals schräg. Sonst läuft viel Wasser ins Boot, wenn sich viele Wellenkämme am Ausleger brechen. Ein erfahrener Steuermann benutzt das Steuer nur in der Phase des Ruderschlags, in der die Ruderblätter nicht im Wasser sind. In dieser Phase bewirkt der Steuerausschlag wirklich eine Bootsdrehung. In der Phase des Durchzugs ist zwar die volle Bremswirkung des Steuerausschlags wirksam; eine Bootsdrehung wird dagegen kaum erreicht.

Beim *Rückwärtsrudern* muß das Steuer mittschiffs gehalten werden, was nur mit straffgehaltener Steuerleine gelingt. Schlägt das Steuer quer, bremst es sehr stark und kann eventuell abbrechen, wenn es auf Grund aufsetzt. Dazu reicht schon der Widerstand von Schlingpflanzen.

Bei *Flußfahrten* fährt man stromab möglichst im Stromstrich, auf geraden Strecken also in der Mitte, in Kurven im Außenbogen. Stromauf fährt man möglichst weit weg vom Stromstrich, also am Rand, und bei Krümmungen in der Innenkurve.

Auf Gewässern mit *Berufsschiffahrt* ist zu beachten, daß diese immer Vorfahrt hat und nicht von der Sportschiffahrt behindert werden darf.

Man sollte zur Vermeidung von Unfällen normalerweise nicht nach Einbruch der *Dunkelheit* rudern, vor allem nicht auf Gewässern mit Schiffsverkehr. Wenn es einmal notwendig wird, müssen Kleinfahrzeuge, zu denen die Sportruderboote zählen, ein weißes Licht führen. Dafür sollte eine Taschenlampe an Bord sein.

Wenn die Fahrt *flußabwärts* geht, läßt man sich gern ein Stück mit der Strömung treiben. Der Steuermann muß dann bedenken, daß er mit dem Steuer nur Kursänderungen einleiten kann, wenn das Boot

mehr Fahrt macht als das umgebende Wasser. Wird also eine Kurs-
änderung auf dem Treibkurs notwendig, weil ein Hindernis auftaucht, muß der Steuermann rechtzeitig vorwärts rudern lassen,
damit das Boot wieder auf das Steuern reagiert.

Auf größeren *Seen* legt man den Kurs nicht zu weit weg vom Ufer,
um nicht bei einem Wetterumschlag durch Sturm mit hohen Wellen
in Gefahr zu geraten. Besonders beim Befahren von Küstengewässern überquert man größere Buchten nicht, sondern fährt sie in
Sichtweite des Ufers aus.

Bei voraussehbar kritischen Situationen gehört der Ruderer mit der
größten Erfahrung ans Steuer.

Ist ein Boot trotz aller Vorsichtsmaßnahmen einmal *vollgeschlagen*,
steigt die Mannschaft aus. Danach schwimmt das Boot etwa an der
Wasseroberfläche (Holzboote durch den Auftrieb der Holzteile, die
spezifisch leichter als Wasser sind; Kunststoffboote, bei denen der
Baustoff spezifisch schwerer als Wasser ist, durch den Auftrieb von
eingegossenen Styroporstücken als Auftriebskörper). Schwimmend
im Wasser gilt: *Alle Mann bleiben am Boot!* Wenn die ganze
Mannschaft dort ist, kann man durch gemeinsames Schubschwim-
men das Boot ans Ufer dirigieren und beim Landen mit der Kraft
aller Ruderer meist auch heil bergen. Die geschlossene Mannschaft
kann auch andere Fahrzeuge auf sich aufmerksam machen. Dazu
steigt das leichteste Mannschaftsmitglied ins Boot und winkt stehend mit Kleidungsstücken, wenn ein anderes Fahrzeug in Sichtweite kommt. Einem Ruderer, den die Kräfte – etwa durch Unter-
kühlung – zu verlassen drohen, kann man am besten helfen, wenn
alle am Boot sind. Diese Regel kennt nur eine Ausnahme: schlägt
das Boot kurz oberhalb eines Wehrs voll, heißt die Devise: So
schnell wie möglich an Land schwimmen; das Boot ist dann sowieso
nicht vor dem Sturz über das Wehr zu retten.

Einige Hinweise zum *Schleusen*: Führt die Fahrstrecke durch Kanä-
le, in denen die Höhenunterschiede durch Schleusen überwunden
werden, erkundigt sich der Fahrtleiter, ob Extraanlagen für den
Sportbootverkehr vorhanden sind. Wenn Sportbootschleusen oder
Bootsschleppen gebaut wurden, sind diese auch zu benutzen. Es
gibt so viele verschiedene Arten, daß hier nur empfohlen werden
kann, die Bedienungsanweisung vor der Benutzung zu studieren.

Muß ein Ruderboot zusammen mit großen Schiffen in die Schleu-
senkammer einfahren, gelten folgende Regeln: immer als letzter

einfahren, sich nie zwischen Kaimauer und Schiffsrumpf legen, Anweisungen des Schleusenpersonals beachten.

Auf der Wanderfahrt muß man häufig ohne Steganlage an Land gehen. Dann gilt beim *Anlanden* an einem flachen Ufer: Man fährt mit mäßiger Fahrt in knietiefes Wasser. Dort steigt die ganze Mannschaft aus und zieht das Boot uferwärts bis fast zur Bodenberührung. Nachdem die schweren Gepäckstücke hier entladen worden sind, wird das Boot an Land getragen.

Man läßt die Boote über Nacht nicht im Wasser, sondern lagert sie kielunten an Land, damit bei nachts aufkommendem Sturm und Wellengang keine Bootsschäden entstehen.

Mit diesen Hinweisen ist der Wanderruderer auf die normalen Fälle vorbereitet. Gerade im Wanderrudern, wo auf den verschiedenen Gewässern in immer neuen Situationen Entscheidungen zu treffen sind, lernt man auf jeder Fahrt dazu.

Bevor man sich als Bootsführer oder Fahrtleiter an größere Aufgaben herantraut, sollte man unter der Leitung erfahrener Fahrtleiter an einigen Fahrten teilnehmen. Es werden vom Deutschen Ruderverband in jedem Jahr mehrere Verbandswanderfahrten im In- und Ausland ausgeschrieben. – Auskünfte erteilt der Ausschuß für Wanderruderer im Deutschen Ruderverband (Anschrift siehe Seite 200).

Erweiterungsmöglichkeiten durch ‹Freizeitrudern›

Das bisher beschriebene Wanderrudern findet natürlich in der Freizeit der Teilnehmer statt. Mit dem Begriff ‹Freizeitsport› verbindet man zumeist eine bestimmte Ausübungsform, nämlich das nicht vereinsgebundene Sportangebot. In dieser Richtung können Erweiterungsmöglichkeiten für den Rudersport liegen. Solange im Rudersport ausschließlich Holzboote verwendet wurden, setzte der Ruderbetrieb eine große Bootshalle für die Lagerung und einen genügend langen Steg für das schadenfreie Zuwasserbringen voraus. Diese Vorrichtungen sind aber nur im Verein vorhanden.

Wir leben heute an einem Wendepunkt der Bootsbautechnik, an dem die Kunststoffboote die Holzboote mehr und mehr ersetzen. Seitdem die Kunststoffboote in den Ausbildungsbetrieb und in das Wanderrudern Einzug gehalten haben, ergeben sich neue Möglichkeiten. Einige Beispiele dazu sollen Anregungen geben.

Mit Bootsanhänger und Pkw werden die Skiffs zum Ferienlager gebracht.

Anfängerunterricht im Trimmi und im Kunststoffskiff mit einem Gig-Doppelzweier mit Steuermann als Sicherungsboot

Schullandheimaufenthalt mit Rudern

In den Pfingstferien 1975 wurde vom Institut für Sportwissenschaft
der Universität Hamburg ein Lernkurs im Trimmi und Kunststoff-
einer mit einem 6. Schuljahr einer Hamburger Hauptschule, die
zum Schaalsee in der Nähe von Ratzeburg eine Klassenreise unter-
nahm, ruderisch betreut. Nach einer Woche Ruderunterricht waren
die Schüler und Schülerinnen in der Lage, an einer Halbtagesfahrt

in der Mannschaftsgig teilzunehmen. Sie waren also ausreichend vorbereitet auf das Fahrten- und Wanderrudern.

In Zusammenarbeit von Schulen mit Instituten für Sportwissenschaft, mit Rudervereinen oder Landesruderverbänden, sofern diese Ruderstützpunkte unterhalten, muß dieser Versuch kein Einzelbeispiel bleiben, sondern kann dem Rudersport ein neues Anwendungsgebiet erschließen.

Im Landschulheim Lankau bei Mölln laufen regelmäßig seit 1976 gleiche Einführungskurse im Trimmi im Rahmen von Klassenreisen Hamburger Schulen. Es gibt sicher weitere geeignet gelegene Landschulheime. Viele junge Menschen könnten auf diese Weise in der Schulzeit für Rudern als Freizeitsport gewonnen werden.

Rudern als Rehabilitationssport

Ebenfalls im Sommer 1975 führte das Institut für Sportwissenschaft der Universität Hamburg einen Lernkurs im Trimmi mit Herzinfarktrehabilitanden durch. Die Teilnehmer hatten nach der klinischen Behandlung des Infarktereignisses ein Jahr an einem systematischen Aufbautraining unter ärztlicher Leitung, dem «Hamburger Modell» der Arbeitsgemeinschaft für kardiologische Prävention und Rehabilitation e. V. Hamburg, teilgenommen, bevor sie zum Ruderkurs kamen. Die schon älteren Teilnehmer lernten bei einmaligem wöchentlichem Unterricht von neunzig Minuten in zehn Wochen alle im Trimmi rudern, so daß wir als Abschluß eine kleinere Ausfahrt in der Mannschaftsgig durchführen konnten.

Noch besser als die Vermeidung des Re-Infarkts durch diese *steady state*-Belastung wäre natürlich das rechtzeitige Training zur Vermeidung des Erstinfarkts. Dem Infarkt davonrudern: Damit wäre die Übernahme des Modells nicht nur für Infarktkliniken sinnvoll, sondern für alle Kurkliniken, die dem Bewegungsmangel als Ursache für Zivilisationskrankheiten entgegenwirken wollen.

‹Offene Kurse› als Ruderangebot

Der Trimmi-Lernkurs, der direkt zum Freizeitrudern führen kann, läßt sich als präventive Maßnahme ebensogut im Rahmen von

Volkshochschulkursen wie als offener Kurs für Nichtmitglieder gegen Gebühr in einem Ruderverein abhalten. Denn mit den robusten, pflegeleichten Kunststoffbooten kann Rudern weiter verbreitet werden, als das mit Holzbooten und dem traditionellen Vereinsbetrieb noch möglich war. Auch ein kommerzielles Angebot, wie es im Skifahren seit langem, im Tennis seit längerem und im Segeln seit kurzem besteht, wäre geeignet, Rudern zum Volkssport zu machen.

Ein Trimm-Ruderclub

Am Seekanal von Brügge in Belgien ist seit 1977 eine interessante Entwicklung zu beobachten. In dem neu gegründeten «Brugse Trim en Roeiclub» sind täglich dreißig Trimmis im Einsatz. Morgens nutzen sie die Schüler, denen Rudern als Schulsport im normalen Stundenplan angeboten wird. Die Schüler werden vom Bus an der Schule abgeholt und nach einer Doppelstunde zum Unterricht zurückgefahren. Nachmittags stehen neben den Trimmis gleich viele Bretter zum Windsurfen auch den Erwachsenen zur Verfügung; Tennis und Volleyball sollen demnächst auf wetterfesten Plätzen hinzukommen. In vier Monaten stieg die Mitgliederzahl von null auf vierhundert. Das zeigt das Interesse der Bevölkerung für ein Angebot, das hier mit staatlicher Förderung gedeiht.

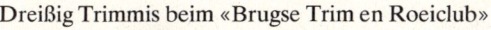

Dreißig Trimmis beim «Brugse Trim en Roeiclub»

Der Trimmi als privates Feierabendboot

Der Trimmi ist ein Feierabend- und Urlaubsfahrzeug. Er kann auf jedem Grundstück, von dem man Zugang zum Wasser hat, gelagert oder in der Garage an der Decke verzurrt werden. Er läßt sich überall ohne große Steganlage einsetzen und zum Feierabend ein Stück gemütlich rudern.

Der Trimmi kann auf dem Autodach in den Campingurlaub mitreisen. Sucht man einen Zeltplatz mit Zugang zum Wasser in einer schönen Landschaft auf, ist der Trimmi eine ständige Aufforderung zum ‹aktiven Urlaub›.

Familienurlaub mit Rudern

Will die Familie gemeinsam im Urlaub rudern, ist der teilbare Gig-Doppelzweier mit Steuermann ein ideales Fahrzeug. Mit den beiden Bootshälften übereinander auf einen einachsigen Hänger verladen geht es ab in das Urlaubsgebiet. Traumhaft ist solch ein Urlaub auf den großen stillen Seeflächen in Finnland oder Südschweden. Aber auch deutsche Landschaften wie die Holsteinische Seenplatte bieten lange Ruderstrecken durch eine schöne Landschaft. Auf diese Weise ist ein ‹aktiver Urlaub› mit Familie am Wochenende ebenso möglich wie als große Urlaubsfahrt.

Fotos rechte Seite:
Das ideale Boot für den Ruderurlaub:
der teilbare Gig-Doppelzweier mit Steuermann.
Die Bootshälften werden zusammengeschraubt, das Boot zu Wasser gelassen (hier ist für die vierköpfige Familie der Doppelzweier mit Steuermann als Doppeldreier gerigat und der Steuermann auf einem Notsitz auf dem hinteren Verdeck untergebracht).

Fahrtenabzeichen

Auch im Bereich des Wanderruderns gibt es Sportler, die die eigene
Leistungsfähigkeit sichtbar bestätigt haben wollen. Für diese hat
der Deutsche Ruderverband ein Fahrtenabzeichen geschaffen, das
jährlich erworben werden kann. Es wird verliehen, wenn folgende
Mindestkilometerzahlen im Laufe eines Jahres gerudert werden:

Männer 1500 km (für Altersklassen Ermäßigungen)
Frauen 1200 km (für Altersklassen Ermäßigungen)
Jugendliche
1000 km für die 17- und 18jährigen
800 km für die 15- und 16jährigen
Jungen und Mädchen (14 Jahre und jünger):
500 km für die 13- und 14jährigen
400 km für die 11- und 12jährigen
300 km für 10jährige und jüngere

In den Fahrleistungen müssen Wanderruderkilometer enthalten
sein (nähere Bestimmungen siehe im «Anhang», Seite 193–195).
Die Zahl der Bewerber um das Fahrtenabzeichen, das bei den
Erwachsenen auch nach mehrmaligem Erwerb in Gold mit den
Zahlen «5», «10», «15» usw. verliehen wird, steigt ständig.
Das Fahrtenabzeichen ist normalerweise das Nebenprodukt eines
Rudersommers mit vielen Fahrten. In einigen Fällen kann der Anlaß, das Fahrtenabzeichen zu absolvieren oder es gar zum fünften-
mal zu schaffen, darin liegen, an einigen Abenden oder Wochenenden die persönliche Trägheit zu überwinden und in das Boot zu
steigen. In wenigen Fällen wird aus dem Kilometerzählen fürs Fahrtenabzeichen allerdings ein Rekordstreben, manchmal sogar ein
krampfhaftes Kilometerschinden bis zum Beginn des Eisgangs.
Dem Sinne nach ist das Wanderrudern aber eine gemütliche Ange-
legenheit, bei der die Geselligkeit nicht zu kurz kommen soll.

Rennrudern

Vom Ruderschüler zum Rennruderer

Das Rennrudern bietet neben dem Fahrten- und Wanderrudern die weitere Möglichkeit, diesen Sport nach einem Lernkurs fortzusetzen. Der Ruderlehrer oder -trainer sollte aber darauf achten, daß der Übergang allmählich erfolgt. Es werden zunächst einige Rennen gefahren, die in den Übungs- und Trainingsbetrieb eingegliedert sind und bei denen Gegner von gleichem Ausbildungsniveau zu erwarten sind. Die Leistungsvergleiche dienen primär als Test, ob der Leistungsaufbau in dem zurückliegenden Trainingsabschnitt richtig geklappt hat. Vor allem aber soll aus dem Spaß am Kräftemessen auf den internen oder regional begrenzten Regatten die Begeisterung für das Rudertraining erwachsen, die die notwendige Grundlage für Verbesserungen im Training und für Erfolge auf Regatten ist.

Es hat keinen Sinn, einen jungen Trainingsruderer zu früh und ungenügend vorbereitet in ein stark besetztes Rennen zu schicken. Er verliert nicht nur das Rennen, sondern wird bei zu großem Abstand zu den Gegnern während des Rennens resignieren und danach eventuell das Training ganz aufstecken.

Der Leistungsaufbau des Trainingsruderers muß *langsam* erfolgen; er dauert bis zu internationalen Spitzenrennen sechs bis acht Jahre. Aber unabhängig davon, wie lange das Training betrieben wird, wie hoch man auf der Siegesleiter klettern will: In jeder Phase der

Leistungsentwicklung muß der Trainer dafür sorgen, daß dem Aktiven Ziele von der richtigen Höhe gesetzt werden. Bei unerreichbaren Zielvorgaben resigniert der Trainierende; bei zu leicht erreichbaren Zielen engagiert er sich nicht genügend, um optimale Trainingsreize für seine Leistungsentwicklung zu erhalten.

Für Jugendliche muß der Aufbau *jugendgemäß* erfolgen. Es müssen also die für die Ruderleistung relevanten Bereiche in der Entwicklungsphase trainiert werden, in der sie gut und ohne gesundheitliche Gefährdung schulbar sind.

Im Training geht es um die systematische Entwicklung aller relevanten Faktoren für eine gute Leistung im Rennen. Die Leistung, mit der im Ruderwettkampf die Rangfolge ermittelt wird und auf die hin der Trainingsprozeß ausgerichtet ist, wird durch die geltenden Wettkampfbestimmungen im wesentlichen festgelegt. Es ist daher notwendig, einiges zu den Streckenlängen, Altersstufen und anderen das Wettkampfgeschehen bestimmenden Regeln anzuführen.

Die wichtigsten Wettkampfbestimmungen

Verbindlich für die Organisation von internationalen Regatten sind der Code des Courses (CdC) der Fédération Internationale des Sociétés d'Aviron (FISA) und die Règlements des Championats. Den folgenden Ausführungen liegt die zur Zeit gültige Fassung von 1980 zugrunde.

Für nationale Regatten sind die Ruderwettkampfregeln (RWR) des Deutschen Ruderverbandes (DRV) maßgebend. Sie ergänzen und differenzieren die internationalen Regelungen. Es wird die zur Zeit gültige Fassung von 1981 benutzt.

1. Altersstufen

Die FISA kennt folgende Altersklassen:

Junioren: Ruderer und Ruderinnen bis zum Ende des Kalenderjahres, in dem das 18. Lebensjahr vollendet wird

Senioren B (Männer/Frauen): Ruderer und Ruderinnen bis zum Ende des Kalenderjahres, in dem das 22. Lebensjahr vollendet wird

Senioren A (Männer/Frauen): Der offenen Klasse gehören Ruderer und Ruderinnen an, die nicht mehr Senior B oder Junior sind.

Veteranen (Altherren): Ruderer, die nicht mehr in der offenen Klasse starten und das 27. Lebensjahr vollendet haben, können im nächsten Kalenderjahr in Veteranen-Rennen starten.

Der DRV unterteilt die Junioren/-innen zusätzlich in zwei Altersklassen:

Junioren/-innen B: Ruderer und Ruderinnen, die bis zum 31. Dezember des Ruderjahres das 15. oder 16. Lebensjahr vollenden

Junioren/-innen A: Ruderer und Ruderinnen, die bis zum 31. Dezember des Ruderjahres das 17. oder 18. Lebensjahr vollenden.

Der DRV führt außerdem Jungen- und Mädchenregatten durch. Startberechtigt sind Ruderer und Ruderinnen bis zum Ende des Kalenderjahres, in dem das 14. Lebensjahr vollendet wird.

Der DRV hat für Altherren-(Veteranen-)Rennen folgende Altersklassen festgelegt:

a) Mindestalter 27 Jahre
b) Mindestalter 32 Jahre
c) Durchschnittsmindestalter 38 Jahre
d) Durchschnittsmindestalter 45 Jahre
e) Durchschnittsmindestalter 52 Jahre
f) Mindestalter 60 Jahre

Der Altersunterschied zwischen dem ältesten und dem jüngsten Ruderer der Mannschaft darf nicht mehr als zwölf Jahre betragen. Stichtag für die Altersklassen ist jeweils der 1. Januar des Ruderjahres.

2. Regattabahn-Streckenlängen
a) Normalstrecken (für Rennbootrennen)
    2000 m für Männer (Senioren A und B)
    1500 m für Junioren A
    1000 m für Frauen (Senioren A und B), Juniorinnen, Junioren B, Veteranen (Altherren)
Alle Gig-Rennen werden über 1000 m ausgetragen.
b) Langstreckenrennen
    mindestens 4000 m
c) Kurzstreckenrennen: 500 m
Die Streckenlänge für Rennen im Jungen- und Mädchenrudern beträgt:
    für 11- und 12jährige: 500 m
    für 13- und 14jährige: 500 bis 1000 m

Langstreckenruderwettbewerbe (ca. 3000 m) sollen mit Vorrang vor allen anderen Ruderwettbewerben und als verpflichtende Vorbedingung für den Start in den Rennen über 500 bis 1000 m ausgeschrieben werden.

Nur auf der Normalstrecke werden für Männer, Frauen, Junioren und Juniorinnen Meisterschaften ausgetragen.

3. Leistungsklassen

Wer im In- und Ausland in öffentlich ausgeschriebenen Rennen und Wettkämpfen bis zum Meldeschluß der Regatta
- noch keinen Sieg errungen hat, gehört zur Leistungsgruppe III;
- im laufenden und vorangegangenen Ruderjahr noch nicht fünf Siege errungen hat, gehört zur Leistungsgruppe II.
- im laufenden oder vorangegangenen Ruderjahr fünf oder mehr Siege errungen hat, gehört zur Leistungsgruppe I.

Auf die Zugehörigkeit zu den Leistungsgruppen der Männer und Frauen bleiben Siege in Rennen der Junioren/Juniorinnen ohne Einfluß. Die Einteilung in Leistungsgruppen ist für Riemenrudern und Skullen getrennt zu beurteilen. Siege in Riemenbootrennen zählen nicht für die Leistungsgruppeneinteilung im Skullboot und umgekehrt; aber wer ein Rennen gewonnen hat, kann weder in Riemen- noch in Skullrennen in der Leistungsgruppe III gemeldet werden. Der Sinn der Einteilung nach Leistungsklassen ist, den noch nicht so erfahrenen Ruderer in den unteren Leistungsklassen vor der Konkurrenz der sehr erfahrenen Ruderer mit vielen Siegen zu schützen. Es kann daher auch jeder Ruderer einer niederen Leistungsklasse in einer höheren Leistungsklasse in einer Mannschaft gemeldet werden. Der Ruderer mit der höchsten Leistungsklasse in einer Mannschaft bestimmt die Leistungsklasse für die ganze Mannschaft.

4. Leichtgewichtsrennen

Da das Körpergewicht einen Einfluß auf die Ruderleistung hat, gibt es im Bereich des DRV Leichtgewichtsrennen, in denen leichtgewichtige Ruderer vor schwerer Konkurrenz geschützt sind. Der CdC der FISA sieht Leichtgewichtsrennen nur für Männer vor. Im DRV gelten für diese Rennen folgende höchstzulässige Gewichte:

	Männer	Junioren		Frauen	Juniorinnen	
		17–18 J.	15–16 J.		17–18 J.	15–16 J.
Durchschnitts- gewicht der Mannschaft ohne Steuermann	70,0 kg	65,0 kg	62,5 kg	60,0 kg	55,0 kg	52,5 kg
Einzelgewicht	72,5 kg	67,5 kg	65,0 kg	62,5 kg	57,5 kg	55,0 kg
Einerruderer/ Einerruderin	72,5 kg	65,0 kg	62,2 kg	60,0 kg	55,0 kg	52,5 kg

5. Bootsgattungen

In der gewichtsmäßig unbeschränkten Klasse werden Regatten und Meisterschaften auf nationaler und internationaler Ebene in folgenden Bootsgattungen durchgeführt:

a) Männer

Einer, Doppelzweier, Doppelvierer ohne Steuermann, Zweier ohne Steuermann, Zweier mit Steuermann, Vierer ohne Steuermann, Vierer mit Steuermann, Achter mit Steuermann.

b) Frauen

Einer, Doppelzweier, Doppelvierer mit Steuerfrau, Zweier ohne Steuerfrau, Vierer mit Steuerfrau, Achter mit Steuerfrau (zur Zeit auf den Meisterschaften des DRV nicht ausgeschrieben).

Auf den Deutschen Meisterschaften werden in der Leichtgewichtsklasse folgende Rennen für Männer ausgeschrieben: Einer, Doppelzweier, Zweier ohne Steuermann, Vierer ohne Steuermann, Achter mit Steuermann.

Auf den FISA-Meisterschaften sind die Leichtgewichte lediglich im Einer, Doppelzweier, Vierer ohne Steuermann und Achter mit Steuermann vertreten. Bei den Junioren A werden die acht FISA-Bootsgattungen der Männer gefahren. Für die Junioren B entfällt der Zweier mit Steuermann, und statt des Doppelvierers ohne Steuermann wird der Doppelvierer mit Steuermann gefahren.

Für die Juniorinnen werden Rennen in drei Skullbootsgattungen (Einer, Doppelzweier und Doppelvierer mit Steuerfrau) und in zwei Riemenbootsgattungen (Zweier ohne Steuerfrau und Vierer mit Steuerfrau) ausgeschrieben.

Es wird aber im Gegensatz zum Frauenrudern eine Meisterschaft im Leichtgewichtseiner ausgetragen.

Für weitere Einzelheiten, die das Wettkampfgeschehen regeln, aber eine geringere Bedeutung für die im Training zu erarbeitenden Anpassungen haben, muß auf die einschlägigen Paragraphen in den RWR und dem CdC verwiesen werden.

Grundlagen für das Rudertraining

Rudern ist eine komplexe Sportart. Für das Erreichen einer guten Ruderleistung müssen verschiedene Faktoren beim Ruderschüler entwickelt werden; dazu gehören besonders die Technik, die Ausdauer als Langzeitausdauer (aerobe Ausdauer) und als Kurzzeitausdauer (anaerobe Ausdauer), die Kraft und die Motivation.

Die erste Gesetzmäßigkeit, die bei der Entwicklung einer komplexen Leistung zu beachten ist, ist die des *limitierenden Faktors*. Die Kurve der Gesamtleistung steigt dann am steilsten an, wenn eine Trainingsmaßnahme den am schwächsten entwickelten der leistungsrelevanten Faktoren am intensivsten fördert.

Der erfolgreiche Rudertrainer KARL ADAM bezeichnete diese Gesetzmäßigkeit auch mit verallgemeinertes *Liebigsches Minimalprinzip*. Mit dem Vergleich aus der Agrikulturchemie wird die Wirksamkeit und die Bedeutung dieser Gesetzmäßigkeit besonders klar: Der Ertrag eines Ackers durch künstliche Düngung wird am stärksten gesteigert, wenn man von den relevanten Aufbaustoffen der angebauten Pflanze die zuführt, die am knappsten im Boden vorhanden sind.

Aufgabe des Trainers ist es daher, die relevanten Leistungsfaktoren der Sportart, in der er arbeitet, zu kennen sowie eine Analyse vornehmen zu können, welcher dieser Faktoren bei seinem Schüler am schwächsten entwickelt ist, ferner die Trainingsmittel zur Entwicklung des jeweiligen limitierenden Faktors zu kennen und diesen Trainingsprozeß organisieren zu können.

Im Rudern ist zu Beginn der Ausbildung die Technik der leistungsbegrenzende Faktor; danach geht dieser gewöhnlich zur Ausdauer, dann zur Kraft und je nach Qualität der pädagogischen Betreuung früher oder später zur Motivation über.

Diese Reihenfolge der Wanderung des limitierenden Faktors verträgt sich sehr gut mit der Forderung nach *jugendgemäßem* Leistungsaufbau. Die Schulung der Technik steht am Anfang; sie ist optimal schulbar im Geschicklichkeitsalter (10 bis 12 Jahre). Für den zukünftigen Leistungsträger ist eine optimale Entwicklung der Technik notwendig. Hieraus folgt die Forderung nach der Lehrweise im Skiff mit Ergänzung im Zweier ohne Steuermann (vgl. Seite 131–136); denn nur hier erfolgen genügend exakte Rückmeldungen, um das Balancieren der schmalen Rennboote so gut zu lernen, daß Kraft und Ausdauer voll in Bootsgeschwindigkeit umgesetzt werden können. Die darauf folgende schwerpunktmäßige Entwicklung der Ausdauer ist eine jugendgemäße Belastung, insbesondere, wenn in der Hauptsache aerobe Belastungen im Training verlangt werden.

Die Entwicklung der Kraft als Schwerpunkt im Training erfolgt erst dann, wenn der jugendliche Organismus durch das Wachstum (ab 16 Jahre oder später) und durch längerdauerndes allgemeines Training schon im Stützapparat gefestigt ist.

Die zweite Gesetzmäßigkeit, die im Rudertraining zu beachten ist, wird im *Rouxschen Gesetz* ausgedrückt. Auf die Trainingslehre angewendet, besagt es, daß der Organismus die Fähigkeit besitzt, sich auf Belastungsreize hin anzupassen – und zwar in der Richtung, wie die Qualität des Reizes war.

Dieses Gesetz wird vermutlich wegen seiner Trivialität im Training häufig mißachtet, nämlich immer dann, wenn ein Athlet versucht, sich mit ‹Kraft sparen› im Training auf einen Wettkampf vorzubereiten.

Die dritte Gesetzmäßigkeit ist die *Schulz-Arndtsche Regel*. Sie macht Angaben zur Dosierung des Anpassungsreizes und besagt, daß *niedere* Reize keine Anpassung auslösen, *mittlere* Reize eine Anpassung bewirken und *überstarke* Reize schädigen können. Die verständliche Angst des Trainers, überstarke Reize zu setzen, ist unbegründet; denn im gesunden, das heißt nicht durch Doping oder durch Krankheit geschädigten Organismus ist es so gut wie unmöglich, funktionsschädigende Reize zu setzen. Dies wird durch psychische Sicherungen verhindert (autonom geschützte Notfallreserven).

Problematischer ist für den Trainer die untere Grenze des Gebiets der wirksamen Reize. Durch das Training werden Anpassungsvorgänge ausgelöst, wodurch die Reizschwelle der Anpassung mit dem

Trainingszustand ständig ansteigt. In der Praxis wird dieser Punkt sehr leicht übersehen, weil mit einer bestimmten Reizsetzung anfangs Trainingserfolge erreicht wurden. Eine Stunde Rudern mit 8 km/Std. ist für den Untrainierten ein sehr gesunder Reiz, um körperlich fit zu bleiben; eine Stunde Langstreckentraining mit 12 km/Std. ist für den Trainingsanfänger ein guter Reiz, um die aerobe Leistungskapazität zu verbessern. Derselbe Reiz ist für einen hochtrainierten Spitzenruderer zu schwach, um seine sportliche Form zu halten, selbst wenn er ihn zweimal täglich setzen würde.

Die vierte Gesetzmäßigkeit, die im Trainingsprozeß zu beachten ist, kann man kurz so umschreiben: Der Trainierende kann auf die Dauer nicht mehr ausgeben, als er einnimmt. Dabei stehen sich auf der Einnahmenseite Ernährung und Regeneration (Schlaf), auf der Ausgabenseite Training, Wettkampf, Berufsarbeit, Belastungen aus dem privaten Lebensbereich gegenüber.

Wird zur Leistungssteigerung eine Vermehrung des Trainings notwendig, kann man zunächst die Ernährung und die Regeneration verbessern, um die Gleichung aufgehen zu lassen. Für die folgende Steigerung spart man Belastungen im privaten Bereich ein und teilt die eingesparte Zeit zwischen Training und Erholungzeit auf. Dies ist die Forderung an jeden Sportler, der im internationalen Leistungsvergleich konkurrieren will. Der letzte Schritt ist der teilweise oder totale Ersatz der Berufsarbeit durch Training. Diese Steigerungsstufe ist das ‹Erfolgsgeheimnis› aller Staatsamateure oder ähnlich subventionierter Sportler.

Das Training auf dem Wasser

Im Rudern sind auf dem Wasser drei verschiedene Trainingsformen im Hinblick auf die gewünschten Anpassungen üblich: das Langstreckenrudern, das Fahrtspiel und die Tempoarbeit.

Langstreckenrudern

Trainingsziel ist die Verbesserung der Langzeitausdauer. Bei einer Belastungsdauer von 60 bis 90 Minuten wird mit mittlerer, zum Teil auch niedriger Intensität gearbeitet. Die Intensität soll so hoch sein, daß der Organismus gerade noch im Sauerstoffgleichgewicht arbeiten kann. Es wird also nicht mehr Energie verbraucht, als durch die Oxydation bereitgestellt werden kann (aerobe Arbeit).

Die Herzfrequenz soll bei dieser Belastung bei 140 bis 150 Schlägen/Minute liegen. Sie soll wie die anderen Leistungsparameter nicht ansteigen (*steady state*-Belastung).

Für die Ausführung der Arbeit ist es wichtig, daß der Ruderschlag in voller Länge und mit vollem Krafteinsatz gefahren wird. Die Schlagfrequenz liegt vier bis acht Schlag unter der Rennfrequenz, je nach Bootsgattung liegt sie zwischen 24 und 32 Schlägen/Minute, bei sehr langen Strecken geht sie auch bis auf 20 Schläge/Minute herunter.

Wenn ein hoher Trainingsstand erreicht ist, werden häufig alle zwei Kilometer sogenannte ‹Einlagen› gefahren, das heißt, die Mannschaft geht etwa zehn Schlag mit der Frequenz auf den Rennschlag hoch. Dieses dient unter anderem der psychischen Auflockerung bei der Monotonie der Langstreckenarbeit.

Das Training dient neben der Verbesserung der aeroben Ausdauer auch der Herausarbeitung der technischen Feinform. Hierzu begleitet der Trainer die Mannschaft im Motorboot und korrigiert im Detail, stellt einzelne Aufgaben zur Betonung einzelner Phasen des Schlags – zum Beispiel scharfes Wasserfassen oder scharfes Herannehmen der Hände, um einen wirksamen Endzug zu erhalten.

Auf den vielen Kilometern, die gemeinsam gefahren werden, soll die Mannschaft in der eigentlichen Wettkampfbootsgattung auch zu einer ruderischen Einheit zusammenwachsen; der ‹Mannschaftsrhythmus› soll gefunden werden.

Ein Teil des Langstreckentrainings wird aber nicht nur wegen der Abwechslung im Kleinboot gefahren, sondern auch deshalb, weil sowohl die technische wie die konditionelle Schulung im Einer und Zweier ohne Steuermann intensiver ist.

Fahrtspiel

Trainingsziel ist die Verbesserung der Spurtfähigkeit und die Fähigkeit zum Wechsel in der Schlagfrequenz.

Die klassische Ausführung ist:

　　10 Schläge mit Spurtfrequenz – 10 Schläge mit Rennfrequenz –
　　10 Schläge mit Spurtfrequenz, danach 30 Erholungsschläge in

ruhiger Frequenz (23 Schläge pro Minute) und mit halber Kraft.
Es folgt die nächste Steigerung 10–10–10 usw.

Es werden als Varianten auch Steigerungen mit 10–20–10 oder 15
–25–15 gefahren. Ebenso werden Steigerungen von 50 oder 60
Schlägen in der Rennfrequenz gefahren, bei denen in der Mitte eine
Phase von 10 oder 15 Spurtschlägen eingebaut wird.

Eine andere Variation ist, die Steigerung mit einem Start zu beginnen.

Schlaglänge und Härte im Durchzug sollen maximal sein; die Frequenz liegt in der Belastung bei der Rennfrequenz und in den
Spurtphasen zwei Schläge darüber.

Beim Fahrtspiel werden sehr hohe Intensitäten in den Belastungs-
phasen gesetzt. Die Belastung liegt oberhalb der Grenze der aeroben Arbeit. Somit wird die anaerobe Leistungskapazität trainiert,
die für eine gute Spurtfähigkeit der Mannschaft notwendig ist.

Mit dem häufigen Wechsel der Schlagfrequenz stellt das Fahrtspiel
zugleich eine intensive technische Schulung dar. Die Mannschaft
lernt, bei höherer Schlagfolge als in der Rennfrequenz noch tech-
nisch sauber zu rudern.

Die Mannschaft soll den Wechsel der Frequenz sowohl bei der
Erhöhung wie bei der Verminderung fahren, ohne daß der Lauf des
Boots unruhig wird. Schließlich lernt sie, vorgegebene Schlagfre-
quenzen zu treffen. Dazu muß der Trainer in der Lernphase sehr
häufig die gefahrenen Frequenzen der Mannschaft zurufen. Ein
guter Ruderer kann dann die Schlagfrequenz, die er fährt, mit einer
Fehlergrenze von einem halben Schlag schätzen bzw. die gewünschte Schlagfrequenz genau fahren.

Tempoarbeit

Trainingsziel bei der Tempoarbeit ist, die speziellen Anpassungsvorgänge bei der Belastung im Renntempo zu erreichen, das richtige Renntempo für eine bestimmte Mannschaft zu finden sowie das
‹Tempogefühl› so weit zu schulen, daß das Renntempo sicher getroffen wird.

Der Trainingstag mit Tempoarbeit beginnt mit einem ausgiebigen
Warmfahren als Langstreckenarbeit. Es folgen drei oder vier Steigerungen und einige Probestarts. Dann beginnt der Hauptteil: eine

Teilstrecke 500 m, 750 m oder 1000 m (für Männer) der Renndistanz wird in der Nähe des geplanten Renntempos durchfahren. Es folgt eine Belastungspause, in der im ruhigen Schlag weitergefahren wird. Die Erholungszeit beträgt fünf bis zehn Minuten, je nach Trainingszustand der Mannschaft.

Danach wird die Teilstrecke erneut im Renntempo abgefahren. Es folgt erneut eine aktive Pause usw. Die Zahl der Wiederholungen beginnt mit zwei und soll bei gut trainierten Mannschaften so bemessen sein, daß die Summe aller gefahrenen Teilstrecken das Doppelte der Renndistanz beträgt.

Wichtig ist, daß das Tempo auf den Einzelstrecken innerhalb der Serie nicht sinkt. Die Zeit, die bei einer ganzen Serie von Teilstrecken für die einzelne Strecke gefahren wurde, nennt man *Einstellzeit*. Sinkt das Einstelltempo innerhalb einer Serie, muß die Mannschaft die Pausen verlängern, eventuell die Serie verkürzen oder beim nächsten Training mit einem geringeren ‹Einstelltempo› bei der ersten Strecke anfangen.

Wenn die Mannschaft die volle Serienlänge ohne Verlängerung der Pausen durchhält, kann man von dieser Einstellzeit auf die Rennzeit hochrechnen.

Zur Schulung des Tempogefühls muß der Trainer eine korrekte Zeitmessung für die Teilstrecken durchführen. Erhält der Ruderer für eine längere Trainingsetappe solche Zeitangaben mit einer Fehlertoleranz von weniger als einer Sekunde, kann er auch lernen, sein Tempo mit der Fehlergrenze von einer Sekunde zu schätzen und später ein im taktischen Konzept vorgesehenes Tempo genau zu treffen.

Das Training an Land

Das Training an Land dient der Ergänzung des Wassertrainings. Es ist notwendig, weil man manchmal an Land besser die Trainingsreize in der richtigen Dosierung setzen kann, zum Beispiel zur Verbesserung der Maximalkraft, und weil man andererseits in einigen Regionen im Winter die Arbeit auf dem Wasser wegen der geschlossenen Eisdecke nicht durchführen kann.

Grundlagenausdauer

Trainingsziel ist die Verbesserung der allgemeinen Ausdauer. Es
werden Belastungen im aeroben Bereich benutzt. Folgende Belastungsformen an Land werden verwendet: Langstreckenlauf, Radfahren (Rennrad mit Gangschaltung benutzen) und – wo das von
der Trainingsstätte her möglich ist – Skilanglauf oder Langstreckenschwimmen.
Entscheidend ist nicht die Sportart, die gewählt wird, sondern daß
möglichst häufig eine Belastungszeit von 60 bis 90 Minuten bei
mittlerer Intensität ohne Pause durchgearbeitet wird.
Der Wechsel der Sportart wirkt sich für manche Athleten als psychische Entlastung aus, so daß man selbst dort, wo eine ganzjährige
Arbeit auf dem Wasser möglich ist, einen Teil des Grundlagenaus-
dauertrainings in einer anderen Sportart absolvieren sollte.

Krafterwerb

Am Anfang eines Trainingsprozesses reichen meist Übungen mit
dem eigenen Körpergewicht, zum Beispiel Strecksprünge, aus, um
die nötigen Reize zur allgemeinen Kraftentwicklung zu geben.
Da natürlich auch beim Krafttraining das Rouxsche Gesetz und die
Schulz-Arndtsche Regel Gültigkeit besitzen, ist es bei höherem
Trainingszustand nötig, hohe und individuell richtig dosierte Reize
zur Kraftentwicklung zu setzen. Ein hervorragendes Trainingsgerät
hierzu ist die Scheibenhantel, wie sie von den Gewichthebern benutzt wird.
Mit dem Gerät sind hohe Belastungen bis zu mehreren Zentnern zu
erreichen. Die Belastung kann von 20 kg aufwärts in Schritten von
2,5 kg angepaßt und auf jeder Gewichtsstufe mit diesem Intervall
gesteigert werden. Mit der Scheibenhantel ist ein dynamisches (iso-
tonisches) Krafttraining möglich, was in der Bewegungsstruktur
dem explosiven Ruderschlag entspricht.
Beim Benutzen der modernen Hocktechnik werden fast genau die
Muskelgruppen trainiert, die auch bei der Ruderbewegung benötigt
werden. Insbesondere wird bei beiden Bewegungsabläufen – beim
Rudern und beim Gewichtheben mit der Hocktechnik – die Hauptarbeit von den Beinstreckern verrichtet.

Bei der Benutzung der Scheibenhantel ist es wichtig, mit korrekter Technik zu arbeiten, da sonst eine Verletzungsgefahr für die Wirbelsäule besteht. Wichtig: *Wirbelsäule möglichst senkrecht belasten und Hauptarbeit auf die Beine verlegen.*

Das Schulen der richtigen Technik, insbesondere der balancemäßig schwierigen Hocktechnik, kann auch hier schon im Geschicklichkeitsalter einsetzen. Man arbeitet dann mit der leeren Hantelstange ohne Scheiben oder auch mit einer Reckstange. Das Training mit höheren Belastungen hat Zeit bis zum 16./17. Lebensjahr.

Der beste Schutz vor Verletzungen ist neben dem Erwerb einer richtigen Hebetechnik das Antrainieren eines ‹Muskelpanzers› zur aktiven Stützung der Wirbelsäule; das sollte vorher in einigen Trainingsjahren erreicht werden.

Neben den drei Übungen mit der freien Hantel:

beidarmiges Umsetzen in Hocktechnik (siehe Fotos Seite 171),
beidarmiges Reißen in Hocktechnik (siehe Fotos Seite 168–169),
Kniebeuge mit der Hantel vor der Brust (siehe Fotos Seite 170 unten)

werden folgende Ergänzungsübungen durchgeführt:

Bankziehen (siehe Fotos Seite 172)
und die Benutzung des Beinstoßgeräts (siehe Fotos Seite 173 oben).

Alle diese Übungen trainieren im wesentlichen die Beinstrecker. Da aber auch die Oberschenkelbeuger beim In-die-Auslage-Gehen im Boot positive Beschleunigungsarbeit leisten, ist die Übung mit dem Gewichtsschuh (siehe Fotos Seite 173 unten), bei der die gleichen Muskeln belastet werden, sinnvoll und als Ergänzung zum Teil notwendig.

Mit den Übungen: Umsetzen, Reißen, Bankziehen, Kniebeuge und Arbeit am Beinstoßgerät trainieren die Ruderer meist im ‹Pyramidenprogramm›:

10mal 80 Prozent der Maximalkraft
8mal 85 Prozent der Maximalkraft
4mal 90 Prozent der Maximalkraft
2mal 95 Prozent der Maximalkraft
2mal 95 Prozent der Maximalkraft
4mal 90 Prozent der Maximalkraft
8mal 85 Prozent der Maximalkraft
10mal 80 Prozent der Maximalkraft

Reißen in Hocktechnik

Ausgangsstellung mit geradem Rücken

Beginn der Hebearbeit durch Strecken der Beine

Totale Körperstreckung

Tiefe Hocke

Fixieren des Gewichts in der Hochhalte

Absetzen des Gewichts mit geradem Rücken und mit einer Kniebeuge

Hilfestellung beim Erlernen der Hanteltechnik

Kniebeuge mit der Hantelstange vor der Brust

Rechte Seite:
Umsetzen in Hocktechnik

Fotos oben:
Ausgangsstellung mit geradem
Rücken

Fotos Mitte:
Tiefe Hocke

Fotos unten:
Ablegen der Hantelstange auf der
Schultermuskulatur

Armbeugertraining mit Bankziehen

Es ist zu beachten, daß die Maximalkraft zunimmt und daher das
Trainingsgewicht alle vier Wochen neu festgesetzt werden muß.
Eine Alternative zum Pyramidenprogramm ist die Arbeit in gleich
langen Serien. Hier werden meist Fünferserien benutzt, die bei
jeder Übung fünfmal wiederholt werden. Die Belastung beträgt
dabei 85 bis 90 Prozent der Maximalkraft.
Je länger die Serien werden, desto mehr geht die Wirkung vom
Kraftgewinn auf eine Verbesserung der lokalen Muskelausdauer
über.

Beinstreckertraining mit dem Beinstoßgerät

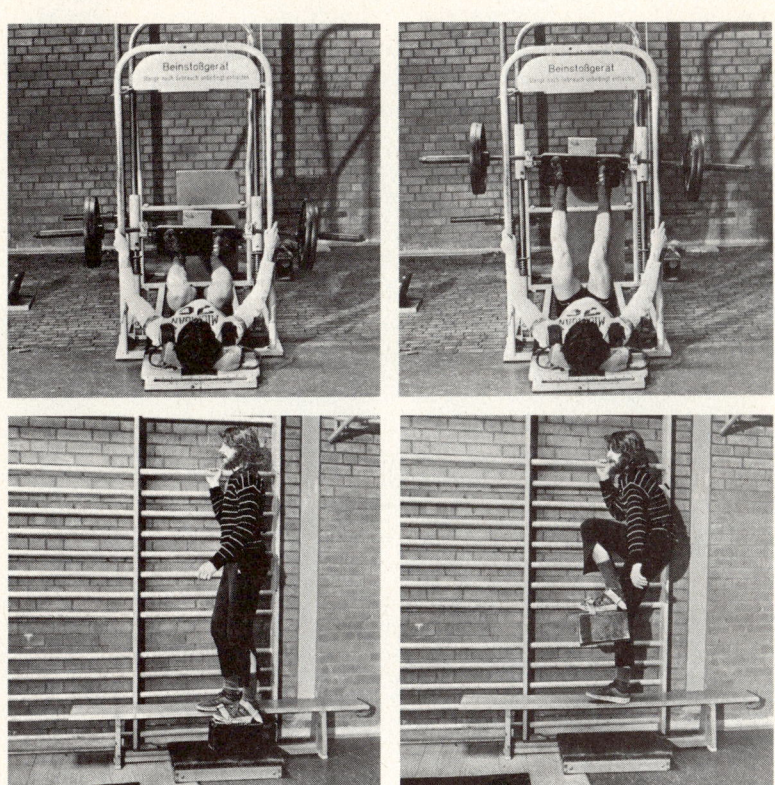

Beinbeugertraining mit dem Gewichtsschuh

Lokale Muskelausdauer

Ziel dieses Trainings ist, die für die Ruderarbeit benötigten Muskelgruppen gegen Ermüdung widerstandsfähig zu machen. Dazu wird die Serienlänge möglichst groß gehalten, und zwar von zehn Wiederholungen in der Serie bei schweren Übungen bis zu dreißig und vierzig Wiederholungen bei leichteren Übungen.

Es sollen alle an der Ruderarbeit beteiligten Muskeln trainiert werden. Das sind praktisch alle großen Muskelgruppen: Beinstrekker, Beinbeuger, Rückenmuskulatur, Bauchmuskulatur, Schultermuskulatur und Armbeuger. In den folgenden Fotos werden Übungsbeispiele für ein ruderspezifisches Muskelausdauertraining gegeben.

Bei der Durchführung des Muskelausdauertrainings ist darauf zu achten, daß die Reihenfolge der Übungen so gewählt wird, daß bei der folgenden Übung die Hauptarbeit von einer anderen Muskelgruppe geleistet wird. Die Muskelgruppe, die auch bei der Ruderarbeit die Hauptlast trägt, soll dabei mit längeren Serien bedacht werden oder häufiger beim Wechsel der Übungen beteiligt werden. Eine mögliche Organisationsform für das Muskelausdauertraining ist das *Circuittraining* (Kreistraining).

Kniebeuge mit Partner (Wirbelsäule gerade und möglichst senkrecht halten)

Sprünge auf den hohen Kasten

Sprünge seitlich über die doppelte Turnbank

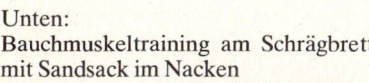

Unten:
Bauchmuskeltraining am Schrägbrett mit Sandsack im Nacken

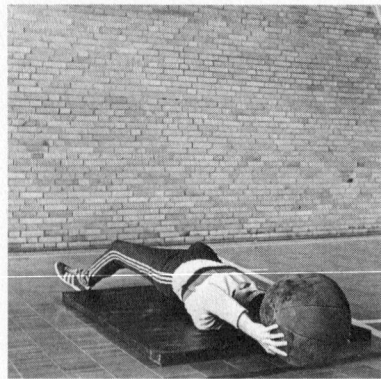

Aus der Rückenlage Medizinball gegen die Wand werfen, zurückspringenden Ball fangen und erneut werfen

Bauchmuskeltraining an der Sprossenwand mit Medizinball und Partner

Rückenmuskelübung: Medizinballzuspiel in Bauchlage zum Partner über einen kleinen Turnkasten

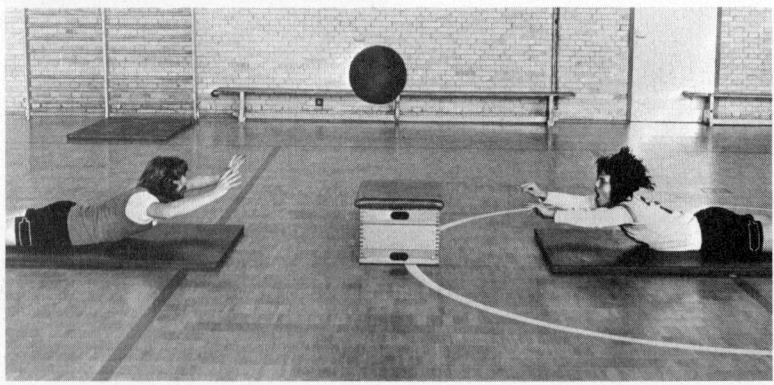

Rückenmuskelübung: Medizinball in Bauchlage gegen die Wand spielen, zurückspringenden Ball auffangen und erneut werfen

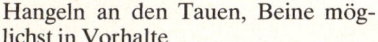

Hangeln an den Tauen, Beine möglichst in Vorhalte

Training der Unterarmmuskulatur durch Aufwinden eines Gewichts

Jahrestrainingsplan

Bei der Planung des Trainings über den Zeitraum von einem Jahr kommt es darauf an, die sportliche Form so aufzubauen, daß die beste Leistung zu entscheidenden Rennen gebracht wird – ganz gleich, ob es sich dabei um nationale oder internationale Meisterschaften handelt oder um persönlich festgelegte Ziele als Höhepunkt der Regattasaison.

Die drei Perioden des Jahreszyklus erstrecken sich im Rudern über folgende Zeiträume:

Vorbereitungsperiode: Oktober bis März/April

Wettkampfperiode: April bis August

Übergangsperiode: September/Oktober

In der *Vorbereitungsperiode* werden folgende Trainingsziele verfolgt:

1. Die Verbesserung der Grundlagenausdauer durch aerobe Arbeit ist für jeden Ruderer der Hauptinhalt dieser Periode. Hier wird die Basis erarbeitet, auf der Ausdauerbelastungen höherer Intensität im Fahrtspiel und bei der Tempoarbeit in späteren Abschnitten des Jahreszyklus aufgesetzt werden.

2. Verbesserung der Kraft

Wenn eine Steigerung der Maximalkraft notwendig ist, muß sie in der Vorbereitungsperiode erarbeitet werden. In späteren Abschnitten verbleibt nur noch Zeit für ein Krafterhaltungstraining. Der Anteil der Kraftarbeit ist um so größer, je mehr die Kraft bei einem bestimmten Athleten limitierender Faktor ist.

3. Verbesserung der lokalen Muskelausdauer

Der Trainingsanteil mit anaeroben Belastungen, die auf bestimmte Muskelgruppen zielen, ist um so größer, je mehr die lokale Muskelausdauer bei einem bestimmten Athleten limitierender Faktor ist.

4. Verbesserung der Technik

Hier ist nicht das Neulernen des technischen Bewegungsablaufs gemeint, sondern das systematische Erarbeiten eines technischen Details, zum Beispiel das betont scharfe Wasserfassen. Eine technische Umstellung oder das Abstellen eines hartnäckigen Fehlers können ebenso Inhalt der technischen Schulung in der Vorbereitungsphase sein.

Im Oktober und November, wo meist noch Trainingsarbeit auf dem Wasser möglich ist, verrichtet man möglichst viel Training zur Verbesserung der aeroben Leistungskapazität im Boot und kombiniert diese Arbeit mit der Schulung der Rudertechnik.

Das Krafttraining mit Hantelarbeit und die Verbesserung der lokalen Muskelausdauer mit Circuittraining geschieht an den Trainingsabenden in der Halle, wenn wegen der früh einsetzenden Dunkelheit wochentags eine Arbeit auf dem Wasser schwierig wird.

Im Dezember und Januar kommen verstärkt andere Formen der aeroben Belastung hinzu wie Laufen, Radfahren, Skilanglauf, Langstreckenschwimmen, oder diese Formen ersetzen das Langstreckenrudern, wenn die Arbeit auf dem Wasser auch an den Wochenenden nicht mehr möglich ist.

Im Februar, März und Anfang April werden auf der erarbeiteten Grundlagenausdauer Belastungen mit höherer Intensität gesetzt. Außerdem soll die Arbeit in dieser zweiten Phase der Vorbereitungsperiode zunehmend wettkampfspezifisch werden. Man verlegt wieder so viel wie möglich von der Trainingsarbeit in das Boot, soweit Dunkelheit, Eisbildung und sonstige Witterungseinflüsse dies zulassen.

In den letzten sechs Wochen vor dem ersten Rennen kommen Belastungsformen des Fahrtspiels und der Tempoarbeit hinzu und können in den letzten zwei Wochen etwa 50 Prozent der Arbeit auf dem Wasser ausmachen.

In der *Wettkampfperiode* wird die Trainingsarbeit durch Mikrozyklen periodisiert. Größere Regatten werden gewöhnlich im Abstand von zwei Wochen besucht; von diesen Terminen her wird die Gestaltung des Mikrozyklus bestimmt. Am Montag nach einer Regatta wird mit einem nicht sehr ausgedehnten Langstreckenrudern ein Beruhigungstraining durchgeführt, bei dem Ermüdungsrückstände der Regatta inklusive der eventuellen Reisestrapazen abgebaut werden sollen. Hierauf erfolgt ein Anstieg der Belastungen zunächst vom Umfang her mit Langstreckenarbeit und dann von der Intensität her durch Tempoarbeit mit Trainingshöhepunkt am Wochenende zwischen den beiden Regattaterminen. Danach wird die Belastung wieder gesenkt, um nach dem Prinzip der überschießenden Regeneration (auch Superkompensation genannt) einen guten Leistungszustand am nächsten Regattawochenende zu haben. Heute arbeiten viele Spitzenmannschaften mit einem Mikrozyklus von drei Wochen.

Innerhalb der Wettkampfperiode gibt es Regatten, auf die man sich

besonders gründlich vorbereitet, und solche, die man lediglich als
Testrennen betrachtet. Durch Zusammenfassung von zwei oder drei
Mikrozyklen entstehen so in Abhängigkeit vom Regattakalender
Mesozyklen.

In Rahmen dieses kurzen Einblicks in das Rennrudern werden keine
Angaben zu Dosierungen über Intensität, Umfang und Häufigkeit
gemacht, da die Dosierungsangaben natürlich differenziert werden
müssen nach Männern (2000-m-Rennstrecke) und Frauen (1000-m-
Rennstrecke), nach Altersgruppen und nach Leistungsklassen. Der
Interessierte muß hier auf die weiterführende Fachliteratur zum
Rennrudern verwiesen werden (siehe «Literaturhinweise», Seite
201 f).

In der *Übergangsperiode* betreibt der Athlet eine physische und
psychische Regeneration möglichst in Verbindung mit einem aktiven Urlaub.

Ausgangsstellung für den Rennstart

Das Rennen

Die im Training erarbeitete sportliche Form im Wettkampf darzu-
stellen und den Vergleich mit anderen Mannschaften zu suchen,
dazu dienen die Rennen.

Rennstart

Ein Rennen beginnt mit dem Start. Von einem guten Start hängt der
Verlauf eines Ruderrennens entscheidend ab. Anders als beim Laufen, Schwimmen, Radfahren oder Paddeln hat der Ruderer seine
Gegner nur unter Blickkontrolle, wenn er von Anfang an vorn im
Feld liegt.
Der technische Ablauf des Starts wird vorher im Training intensiv
geschult. Man muß beim Start das Boot in möglichst kurzer Zeit von
der Geschwindigkeit Null auf die volle Renngeschwindigkeit bringen. Dabei kann man nicht die Übersetzung wechseln wie ein Auto-
fahrer durch Schalten. Denn die Übersetzung ist auf die ökono-
mischste Arbeit bei Renngeschwindigkeit ausgelegt und ist für die
niedrigeren Anfangsgeschwindigkeiten zu groß. Der Ruderer hat
daher in der Startphase im Durchzug einen viel höheren Widerstand
zu überwinden als bei den späteren Schlägen.
Für einen guten Start muß der Ruderer in der Lage sein, bei den
ersten Schlägen mit übergroßem Kraftaufwand zuzupacken und
dennoch in dem wackeligen, schmalen Rennboot wohlkoordinierte
Arbeit zu leisten. Diese maximale Kraftanstrengung kann der Ruderer nicht in der vollen Schlaglänge aufbringen; deshalb wird das
Boot zunächst mit kürzeren Schlägen beschleunigt.
Folgende *Starttechnik* ergibt eine gute Beschleunigung des Boots:
Aus der fast vollen Auslage wird das Boot mit einem ‹Anschieber›,
der etwa dreiviertel der vollen Schlaglänge hat, in Fahrt gebracht.
Dann kommt mit dem nächsten Einsatz, der blitzschnell und sehr
hart erfolgen soll, der eigentliche Beschleunigungsvorgang. Der
zweite Schlag ist der kürzeste und erreicht etwa die Hälfte der vollen
Schlaglänge. Beim dritten Schlag hat das Boot schon Fahrt aufgenommen; entsprechend länger kann der Durchzug sein. Beim vierten Schlag wird die Wasserarbeit weiter verlängert, und beim fünften Schlag hat eine gute Mannschaft die volle Schlaglänge und

damit das Boot die volle Renngeschwindigkeit erreicht.

Der kürzeren Wasserarbeit muß natürlich eine höhere Schlagfrequenz entsprechen, so daß bei den ersten Startschlägen Werte von über 50 Schlägen/Minute erreicht werden.

Wenn diese zeitliche Abstimmung bei höchsten Frequenzen, die sich noch dazu mit der Verlängerung des Durchzugs ständig ändern, und bei maximalem Kraftaufwand sowie in exakter Synchronisation mit den Partnern im Boot gelingt, beherrscht die Mannschaft den Rennstart. Dieser ist der rudertechnisch schwierigste Teil.

Am Renntag muß man sich vor dem Start gut warmfahren, um den Organismus optimal auf die Belastung einzustellen.

Das Startkommando hat einen Ankündigungsteil und einen Ausführungsteil. Es lautet in nationalen Rennen: «Sind Sie bereit – Los!» – Bei internationaler Beteiligung ist die französische Version üblich. Das Ankündigungskommando heißt dann: «Êtes – vous prêts?», das Startkommando: «Partez».

Renntaktik

Bei den Überlegungen zur Renntaktik ist zunächst folgende physikalische Gesetzmäßigkeit zu beachten: Bei der Bewegung des Boots durch das Wasser wachsen die Widerstandskräfte nicht linear mit der Geschwindigkeit, sondern mit dem *Quadrat* der Geschwindigkeit. Anschaulich ausgedrückt heißt das: Um die doppelte Geschwindigkeit zu erreichen, muß man die vierfache Kraft aufbringen, oder – wenn man dieses in realistischeren Dimensionen angibt: um auf einer Teilstrecke durch einen Spurt eine Geschwindigkeitszunahme von 10 Prozent zu erreichen, muß man auf dieser Teilstrecke 21 Prozent mehr Kraft einsetzen. Daraus folgt, daß jede Mannschaft ihre objektiv beste Rennleistung bringt, wenn sie die ganze Rennstrecke in gleichmäßiger Geschwindigkeit an der obersten Grenze des Tempos fährt, das sie gerade über die Renndistanz durchhalten kann.

Dieses Tempo ist das ‹Einstelltempo›, das auf Teilstrecken im Training geschult worden ist. In der Nähe des Einstelltempos zu fahren trotz der Aufregung der Regattasituation und trotz der Gegner, die sich eventuell anders verhalten als gedacht, ist die erste taktische Aufgabe der Mannschaft im Rennen. Die Wichtigkeit der Aufgabe, dieses Einstelltempo im Training zu finden und dann auch zu treffen, wird hierdurch noch einmal unterstrichen.

Von der Forderung des gleichmäßigen Tempos im Rennen gibt es zwei Standardabweichungen. Das ist einmal der *Endspurt.* Für den letzten Teil der Rennstrecke trifft die Überlegung, daß man mit der Energie für den Spurt bei gleichmäßiger Verteilung mehr erreicht, nicht zu, weil das Auffüllen der im Endspurt zusätzlich eingesetzten anaeroben Energiereserven nach dem Zieldurchgang erfolgt. Der Endspurt kann je nach Größe der im Training aufgebauten anaeroben Kapazität zwanzig oder vierzig Schläge betragen.

Die zweite Abweichung ist der *Startspurt.* Nach dem Start fährt man einen Anfangsspurt von fünfzehn bis zwanzig Schlägen. Hierbei gehen die Ruderer eine gewisse Sauerstoffschuld ein. Man darf den Startspurt jedoch nicht so lang ausdehnen, bis die Höhe der eingegangenen Sauerstoffschuld eine wohlkoordinierte ökonomische Arbeit nicht mehr erlaubt.

Auf der Strecke zwischen dem Start- und dem Endspurt verfolgt man mit eventuellen Spurts eher einen psychologischen Zweck als den der meßbaren Geschwindigkeitssteigerung, zum Beispiel um das Aufkommen eines subjektiven Schwächepunkts mit einem absichtlichen Spurt zu überspielen. Auch das eiserne Festhalten an einem vorher mit den Mannschaftskameraden abgesprochenen ‹taktischen Fahrplan› hilft über subjektive Schwächepunkte hinweg.

Für das taktische Konzept unterscheidet man *offene Spurts,* die sichtbar mit Erhöhung der Schlagfrequenz gefahren werden, und *verdeckte Spurts,* bei denen man eine Geschwindigkeitserhöhung durch noch schärferen Durchzug, aber ohne Erhöhung der Schlagfrequenz versucht. Der verdeckte Spurt wird sehr gern als ‹Konterspurt› gefahren, während man mit dem offenen Spurt im allgemeinen eine Offensivtaktik fährt.

Abschließende Überlegungen

Die aufgeführten Gesetzmäßigkeiten für die Konstruktion von Trainingsplänen erscheinen sehr klar, die richtige Anwendung sehr einfach. Demnach wäre auch die Tätigkeit des Trainers sehr einfach und dann wohl auch langweilig.

In Wirklichkeit ist die Arbeit des Trainers sehr schwierig. Die Frage nach der richtigen Dosierung, die bei keiner trainingspraktischen Maßnahme auszuklammern ist, bringt sofort eine Reihe von Problemen. Das Bemühen etwa, die vierte grundlegende Gesetzmäßigkeit für die richtige Gestaltung eines Trainingsprozesses einzuhalten, nämlich die Ausgaben- und die Einnahmenseite im Gleichgewicht zu halten (vgl. Seite 162), ist nur möglich, wenn der Trainer sehr viele aktuelle Informationen über die Vorbelastungen vom Athleten erhält. Dazu gehören etwa fehlender Schlaf durch starke berufliche Inanspruchnahme oder Ärger und Enttäuschungen in der privaten Sphäre als psychische Zusatzbelastung. Auch die Analyse des leistungsbegrenzenden Faktors ist in der Praxis nicht gerade einfach, weil die Unterschiede im Ausprägungsgrad der einzelnen leistungsbestimmenden Faktoren beim Hochtrainierten sehr klein sind. Zudem wandert durch die Wirkung des Trainings der limitierende Faktor, und es gibt nur wenige gültige (valide) Tests zur Erfassung der einzelnen Faktoren. Schon die sachgerechte Analyse des Istzustands im Trainingsprozeß fordert vom Trainer viel Wissen, Erfahrung und Einfühlungsvermögen. Die Prognose der Leistungsentwicklung und die Einleitung von Maßnahmen zur günstigen Entwicklung sind so komplex, so wenig nach einem einfachen Schema zu programmieren, daß die Tätigkeit des Trainers durchaus interessant bleibt.

Man muß zu der Hypothese kommen, daß das Zusammenspiel von Athlet und Trainer ebensowenig als eindirektionaler Steuerungsvorgang optimal organisiert werden kann wie das Zusammenspiel von Muskel und Nerv. So kann es nur als Regelungsprozeß, bei dem der Trainer viele Rückmeldungen vom Athleten erhalten muß, vernünftig erfaßt werden.

Der Drang zu einer Verbesserung des *feedback* vom Athleten zum Trainer ist um so größer, je höher die Leistung ist, die Trainer und Athlet gemeinsam anstreben. Darin liegt eine Chance des Leistungssports, als positiver Erziehungsfaktor zu wirken. Es gibt dort,

wo man an der oberen Grenze der Belastbarkeit arbeitet und wo ein
kleines Stück mehr bereits das Umschlagen in den Zustand des
Übertrainings bedeuten kann, kein richtig dosiertes Training, in das
nur das Wissen des Trainers um die Sache eingeht. Es muß zur
richtigen Abstimmung der Dosierung die Information hinzukommen, die nur der Aktive geben kann.

In der Rückmeldung soll nicht nur die meßbare Wirkung eines
Trainingsreizes enthalten sein, sondern auch das, was der Trainierende bei der Durchführung des Programms ‹fühlt›, wie seine emo-
tionale und motivationale Seite von dem Trainingsprozeß betroffen
wird. Diese Informationen kann der Trainer nur erhalten, wenn er
mit dem Athleten über den Trainingsprozeß spricht. Aus der Forderung, die vom Athleten erlebte Belastung bei der Dosierung zu
berücksichtigen, ergibt sich zwingend, daß der Informationsfluß
zwischen Trainer und Athlet bidirektional sein muß. Das wiederum
ist eine wichtige Voraussetzung für einen «demokratischen Trainingsstil» (nähere Ausführungen hierzu bei LENK 1965).

Ein autoritärer Trainingsstil wird nicht nach der Meinung des Athleten fragen. Wird aber die Meinung des Athleten bei der Festlegung des Trainingsprogramms nicht berücksichtigt, entwickelt sich
leicht ein Sportler, der auch nach den Trainingszielen nicht mehr
fragt.

Der demokratische Trainingsstil bietet eine größere Chance, daß
von der Diskussion um die Dosierung in dem direkt anliegenden
Trainingsabschnitt ein Gespräch auf die Gestaltung des Trainingsprogramms insgesamt fortgeführt wird. Damit erhält der Athlet
auch die Chance, an der Bestimmung der Trainingsziele mitzuwir-
ken, diese etwa für einen bestimmten Zeitraum so festzulegen, daß
sie nicht zu Konflikten mit Verpflichtungen in seinem übrigen Lebensbereich führen.

So ist das Ziel des Trainingsprozesses der *mündige Athlet*, wenn
auch der «demokratische Trainingsstil» keine Sicherheit bietet, den
manipulierten (fremdbestimmten) Athleten zu verhindern. Es ist
gewiß eine pikante Feststellung als Schlußbemerkung, daß eine
(gar nicht so seltene) Fremdbestimmung im Ehrgeiz des Trainers
liegt.

Der mündige Athlet hat aber das Recht, bei der Festlegung der
Trainingsziele mitzubestimmen. Das schließt ein, daß er den Umfang des Engagements im Training bestimmt, der ihn nicht in Kon-

flikte mit seinen übrigen Zielen bringt. Das schließt vor allem ein, daß er bei einem großen oder gar totalen Einsatz im Hochleistungssport den Zeitpunkt bestimmt, zu dem er das Training in dieser Intensität beenden will.

Der Lehrer möge bedenken, daß es keinen zwingenden Grund gibt, aus jedem Ruderanfänger einen Rennruderer zu machen, selbst nicht aus den Elementen der Teilmenge, die als Schüler alle körperlichen Voraussetzungen für eine gute Ruderleistung mitbringen. Der Wunsch zum Leistungstraining muß vom Schüler kommen. Der Lehrer sollte ihn so in das Rudern einführen, daß er ein Training aufnehmen kann.

Andrerseits erscheint es eine berechtigte Erwartung ehrgeiziger junger Menschen zu sein, Lehrer zu finden, die genügend Wissen besitzen, um ihre sportliche Entwicklung im Rudern optimal zu fördern.

Der mündige Athlet, der an der Zielbestimmung mitwirkt, setzt seine Ziele eher in Übereinstimmung mit den Möglichkeiten, die ihm Talent, Ehrgeiz und zeitlich möglicher Aufwand geben. Er wird seine Ziele häufiger im Rennrudern erreichen und kann danach noch Jahrzehnte im Wanderrudern zufrieden weitermachen.

Der von fremdem Ehrgeiz bestimmte Rennruderer wird dagegen die gesetzten Ziele weniger häufig erreichen und frustriert nicht nur das Rennrudern, sondern häufig den Rudersport überhaupt verlassen.

Man sollte den Ruderunterricht so organisieren, daß die Wahl zum Rennrudern oder zum Wanderrudern erhalten bleibt und in jeder Phase frei wahrgenommen werden kann. Rennrudern und Wanderrudern sind keine Alternativen. Sie können sich gut ergänzen, und zwar sowohl in der Rudergemeinschaft wie in der ruderischen Tätigkeit des einzelnen.

Anhang

Zur Geschichte des Rudersports

1715 der Schauspieler DOGGET stiftet einen Preis für ein Rennen der Fährleute auf der Themse in London

1829 das Achterrennen der Universitätsmannschaften von Oxford und Cambridge wird zum erstenmal ausgetragen

1836 Gründung des ersten deutschen Rudervereins: «Der Hamburger Ruder-Club» (jetzt «Der Hamburger und Germania RC»)

1839 die Royal Henley-Regatta findet zum erstenmal statt

1844 erste Ruderregatta in Hamburg, Gründung des ersten deutschen Regatta-Vereins: «Allgemeiner Alster-Club» in Hamburg

1880 Gründung des ersten Schülerrudervereins: «Erster Primaner Ruder-Club» in Rendsburg

1882 Austragung der ersten «Deutschen Rudermeisterschaft» im Einer

1883 Gründung des «Deutschen Ruderverbandes»

1892 Gründung der Fédération Internationale des Sociétés d'Aviron (FISA)

1895 durch kaiserlichen Erlaß wird das Schülerrudern in den Schulen eingeführt

1900 Paris. Erste olympische Ruderregatta

1901 Gründung des ersten deutschen Frauen-Rudervereins, des

«Friedrichshagener Damen-RC 1901», Berlin

1906 erste Austragung des «Deutschen Meisterschaftsruderns» in mehreren Bootsgattungen in Berlin-Grünau
1909 Gründung des «Wanderruderverbandes Groß-Berlin»
1912 Eintritt des Deutschen Ruderverbandes in die FISA
1920 erste Verbandswanderfahrt des DRV auf dem Main
1925 Einführung der Leichtgewichtsrennen
1939 die Ruderinnen erhalten Meisterschaftsrennen im Einer, Doppelzweier und Doppelvierer mit Steuerfrau
1954 erstmalig Europameisterschaften für Frauen
1962 erste Weltmeisterschaft der Ruderer in Luzern
1967 erste FISA-Juniorenregatta in Ratzeburg (Vorläufer des FISA-Junioren-Championats)
1976 Frauenrennen werden in das olympische Programm aufgenommen

Ruderkommandos

Die folgenden Ruderkommandos entsprechen den Vorschlägen des Deutschen Ruderverbandes zur Vereinheitlichung der Kommandosprache.

1. *Vorwärts rudern*
   Alles vorwärts – Los!
Ausgangsstellung beim Ankündigungsbefehl:
Auslage, d. h. Hände über Fußspitzen bei nicht ganz ausgenutzter Rollbahn; Blätter senkrecht im Wasser.
Ausführung: bei «Los» gleichzeitig mit allen Blättern den Durchzug beginnen.
Hinweis: Beginn aus der weiten Auslage ist nicht wirtschaftlich. Beginn aus der Rücklage ist eine Trainingseigenart. Es ist zu fordern, daß im Anfängerunterricht nur die vorgeschriebene Form zu wählen ist.

2. *Ruderarbeit beenden*
   Ruder – Halt!
Ankündigungsbefehl beim Einsetzen der Blätter.
Ausführungsbefehl beim Ausheben; danach Einnehmen der

Grundstellung: das Holmende über den Fersenhaltern, den Rollsitz 1/3 vorgerollt.

Hinweis: Der Ankündigungsbefehl «Ruder» wurde gewählt, um das zu oft gebrauchte Wort «Achtung» für besondere Fälle zur Erregung der Aufmerksamkeit der Mannschaft freizuhalten, wie z. B. bei Gefahr: «Achtung auf Skulls!»

3. *Abbremsen des Boots*

Im Anschluß an den Befehl «Ruder – Halt!»
bei schneller Fahrt:
– S t o p p e n ! (gedehnt gesprochen)
(Alles stoppen
oder Backbord stoppen
oder Steuerbord stoppen)
Grundstellung mit fast gestreckten Armen.

Blatt ankanten, so daß die gewölbte (konvexe) Seite bugwärts zeigt; dem Wasserdruck, der gegen die konvexe Seite wirkt, muß kräftig entgegengearbeitet werden.

Bei geringer Fahrt und im Gefahrenfalle folgt auf «Stoppen»:
– S t o p p t !
Die Blätter werden ganz senkrecht gedreht und ins Wasser gedrückt.

Hinweis: Beim Bremsbefehl aus *schneller* Fahrt ist der häufig angewendete Ankündigungsbefehl «Streichen» fortgelassen worden, weil er oft zu Irrtümern Anlaß gab und sich in direkten Widerspruch zur Kommandosprache der Marine setzt. Dafür wird in gedehnter Ausdrucksweise «Stoppen» gesetzt. Das Stoppen darf nicht zu hart geschehen, weil sich andernfalls die Dolle aufbiegt.

4. *Rückwärts rudern*

Alles rückwärts – Los!
Holme am Rumpf, Blätter senkrecht im Wasser.

Blatt drehen und Blattstellung entgegengesetzt wie beim Vorwärtsrudern. Volle Benutzung der Rollbahn. Flachdrehen der Blätter während des Luftweges.

Hinweis: Das Flachdrehen der Blätter verhindert abgehackte Bewegungen und das Hängenbleiben bei Wellengang. Trotz häufigen Gebrauchs des Ausdrucks «Streichen» für Rückwärtsrudern ist doch das Kommando «Rückwärts» allgemein verständlicher.

5. Wenden

a) (Lange) Wende über Back-(Steuer-)bord – Los!

Backbord-(Steuerbord-)Holme am Rumpf und -Blätter senkrecht zum Rückwärtsrudern im Wasser. / Steuerbord-(Backbord-) blätter flach auf dem Wasser.
Wechselseitige Wasserarbeit der Bordseiten mit voller Benutzung der Rollbahn.

b) Kurze Wende über Back-(Steuer-)bord – Los!
(für Rennboote und im Anfängerunterricht ungeeignet)
Backbord-(Steuerbord-)Holme am Rumpf und -Blätter senkrecht zum Rückwärtsrudern im Wasser. / Steuerbord-(Backbord-) Holme in Armauslage ohne Rollbahn. Blatt senkrecht zum Vorwärtsrudern im Wasser. Entgegengesetzte gleichzeitige Wasserarbeit auf beiden Bordseiten. Beim Luftweg Blätter senkrecht. Keine Rollbahnbenutzung.
Hinweis: Da eine (mit Rollbahnbenutzung auszuführende) «lange» Wende auf reißenden Gewässern nicht immer möglich ist, mußte die «kurze» Wende beibehalten werden.

6. Ruder längsseits legen

a) Riemen (Skulls) – Lang!
Ankündigung beim Halten in der Grundstellung oder beim Beginn des Durchzugs.
Ausführung beim Halten oder beim Ausheben; die Holme werden in der Hand behalten.
b) Zurückführen der Ruder in die Grundstellung:
Riemen (Skulls) – Vor!
aus der Längsseitlage in die Grundstellung.

7. Ruder einziehen

Riemen (Skulls) – Ein!
Aus der Grundstellung.
Einziehen der Ruder über den Fußraum, wenn nötig, bis an den Blatthals.
Riemen (Skulls) – Aus!
In die Grundstellung.

Schiffahrtsregeln, -zeichen und -signale

Ausweichpflicht für Kleinfahrzeuge

Einzeln fahrende Kleinfahrzeuge sowie Schleppverbände und ge-
kuppelte Fahrzeuge, die ausschließlich aus Kleinfahrzeugen bestehen, müssen allen übrigen Fahrzeugen den für deren Kurs und zum
Manövrieren notwendigen Raum lassen; sie können nicht verlan-
gen, daß die meistens größeren Fahrzeuge ihnen ausweichen.

Fahrtrichtlinien für Kleinfahrzeuge

Kleinfahrzeuge müssen untereinander folgende Fahrregeln ein-
halten:

→ Kleinfahrzeuge mit Maschinenantrieb müssen einander und allen anderen Kleinfahrzeugen ausweichen.

→ Kleinfahrzeuge ohne Maschinenantrieb müssen einander und
den unter Segel fahrenden Kleinfahrzeugen ausweichen.

→ Ausweichpflichtige Kleinfahrzeuge müssen beim Begegnen ihren Kurs rechtzeitig nach Steuerbord richten; falls diese Regel aus
nautischen Gründen nicht eingehalten werden kann, muß das ausweichpflichtige Kleinfahrzeug rechtzeitig und unmißverständlich
durch geeignete Manöver zeigen, wie es ausweichen will.

Wichtige Schallsignale

■■■ 1 langer Ton: „Achtung"

■ 1 kurzer Ton: „Ich richte meinen
Kurs nach Steuerbord"

■ ■ 2 kurze Töne: „Ich richte
meinen Kurs nach Backbord"

■ ■ ■ 3 kurze Töne: „Meine
Maschine geht rückwärts"

■ ■ ■ ■ 4 kurze Töne: „Ich bin
manövrierunfähig"

■ ■ ■ ■ ■ ... Folge sehr kurzer Töne:
„Gefahr eines Zusammenstoßes"

■■■ ■■■ .. Wiederholte lange Töne

▲..▲..▲..▲ oder Gruppen von
Glockenschlägen: „Notsignal"

■■■ ■1 langer Ton, 1 kurzer Ton:
„Ich wende über Steuerbord"

■■■ ■ ■1 langer Ton, 2 kurze
Töne: „Ich wende über Backbord"

„Kurzer Ton" ist ein Ton von
etwa 1 Sekunde Dauer.

„Langer Ton" ist ein Ton von
etwa 4 Sekunden Dauer.

„Folge sehr kurzer Töne" ist
Folge von mindestens 6 Tönen, je
von etwa $1/4$ Sekunde Dauer.

Wenn Sie Hilfe brauchen, geben Sie diese Signale:

→ Nachts ein Licht, das im Kreis geschwenkt wird.

→ Tagsüber eine Flagge oder ein anderer Gegenstand, der im Kreis
geschwenkt wird.

Die wichtigsten Schiffahrtzeichen

oder   oder

Verbot der Durchfahrt   **Erlaubnis zur Durchfahrt**   **Gesperrte Wasserfläche
frei für Kleinfahrzeuge
ohne eigenen Antrieb**

**Verbot in Häfen
oder Neben-
wasserstraßen
einzufahren**

**Begrenzte
Fahrwassertiefe**

**Festmache-
verbot**

**Geschwindigkeits-
begrenzung**

Vorsicht

**Wellenschlag
vermeiden**   oder

**Nicht frei fahrende
Fähre**

**Angezeigte Richtung
einschlagen**

**Empfehlung in
Richtung des Pfeils
zu fahren**

**Abstand vom Ufer
halten**

**Erlaubnis zum
Ankern**

Ankerverbot

**Ende der Verbots-
strecke**

Liegeerlaubnis

Liegeverbot

**Brückendurchfahrt
mit Gegenverkehr**

**Brückendurchfahrt
ohne Gegenverkehr**   oder

**Verbot, außerhalb der
Begrenzungen zu fahren**

Wasserskistrecke

■ = *blau*   ■ = *grün*   ■ = *rot*   □ = *gelb*

Bedingungen für Fahrtenabzeichen im DRV

1. Fahrtenabzeichen für Erwachsene
Ruderer und Ruderinnen erhalten das Fahrtenabzeichen unter folgenden Bedingungen:
Teilnahmeberechtigt sind Ruderer und Ruderinnen, die am 1. Januar des Jahres, für das sie sich bewerben, das 18. Lebensjahr vollendet haben. Auch für die übrigen Altersangaben gilt stets der 1. Januar des laufenden Jahres als Stichtag. Die Bewerber müssen Mitglied eines Vereins, des Deutschen Ruderverbandes oder eines Ruderverbandes sein, der der Fédération International des Sociétés d'Aviron (FISA) angehört.
Gefordert werden in der Zeit vom 1. Januar bis 31. Dezember:

	Jahrgang	Gesamt-ruder-leistung	davon Wander- oder Wochenend-fahrten
für Ruderer	44–65	1500	300
	34–43	1200	240
	19–33	1000	200
	–18	800	160
für Ruderinnen	48–65	1200	240
	38–47	1000	200
	24–37	800	160
	–23	600	120
für Körperbehinderte ohne Altersbegrenzung, die eine Versehrtheit von 50 Prozent und mehr nachweisen		600	120

Es zählen nur geruderte oder gesteuerte Kilometer.
Wanderfahrten sind mindestens zweitägige Fahrten mit wenigstens 40 km an beiden Tagen zusammen. Als Wanderfahrten gelten auch solche Fahrten, die an aufeinanderfolgenden Wochenenden ohne Rückkehr des Boots zum Bootshaus fortgesetzt werden.
Ferner werden Fahrten vor oder nach Feiertagen, bei denen an zwei Tagen gerudert wird – ohne zwischenzeitliche Rückkehr des Boots zum Bootshaus – als Wochenendfahrten gewertet.
Die Jahrgangsangaben gelten für das Jahr 1984 und sind in späteren Jahren um je ein Jahr heraufzusetzen.

Nach fünfmaligem Erfüllen und nach jeder weiteren durch 5 teilbaren Zahl (10, 15, 20 usw.) wird ein Fahrtenabzeichen in Gold mit der jeweiligen Zahl (5, 10, 15 usw.) ausgegeben. (Auszug aus der amtlichen Bekanntmachung Nummer 2676 des Deutschen Ruderverbandes)

2. Jugendfahrtenabzeichen
Jungen und Mädchen, Juniorinnen und Junioren erhalten das Jugendfahrtenabzeichen unter den folgenden Bedingungen:
Teilnahmeberechtigt sind die Jahrgänge 1966 bis 1974 einschließlich. Die Bewerber müssen Mitglied einer Mitgliederorganisation des Deutschen Ruderverbandes sein.
Gefordert werden in der Zeit vom 1. Januar 1984 bis 31. Dezember 1984 folgende Kilometerleistungen:
a) Jahrgang   1974   –   300 km
b) Jahrgänge 1973–1972 –   400 km
c) Jahrgänge 1971–1970 –   500 km
d) Jahrgänge 1969–1968 –   800 km
e) Jahrgänge 1967–1966 –   1000 km
In diesen Kilometerleistungen müssen mindestens eine dreitägige Wanderfahrt oder zwei Wochenendfahrten (Fahrten, bei denen zwei Tage ohne zwischenzeitliche Rückkehr zum Bootshaus gerudert wurde) enthalten sein. In den Gruppen a) bis c) kann die Teilnahme an je einer Wochenendfahrt durch die Teilnahme an jeweils zwei Jungen- und Mädchen-Regatten ersetzt werden.
Die Jahrgangsangaben gelten für das Jahr 1984 und müssen in späteren Jahren um je ein Jahr heraufgesetzt werden.
Das Jugendfahrtenabzeichen kann in jedem Jahr neu erworben werden. Nach viermaliger Erfüllung wird ein Abzeichen in Gold mit dem Recht zum dauernden Tragen verliehen.
(Auszug aus der amtlichen Bekanntmachung Nr. 2677 des DRV)

3. Rudersportfertigkeitsabzeichen
Seit dem 1. Januar 1981 hat die Deutsche Ruderjugend ein Rudersportfertigkeitsabzeichen für die Altersgruppe der 10- bis 16jährigen Ruderinnen und Ruderer ausgeschrieben.
Das Rudersportfertigkeitsabzeichen gibt es in den Ausführungen Bronze, Silber und Gold.
Die Abnahme der Prüfung wird vom Vereinsjugendwart/Übungslei-

ter vorgenommen. Die geforderten Übungsbedingungen sind für Jungen und Mädchen gleichermaßen zu erfüllen.

I. Rudersportfertigkeitsabzeichen in Bronze
1. Beherrschung des Kunststoff-Einers (Slalom)
Gefordert wird die Fahrt mit einem Kunststoff-Einer über eine Slalomstrecke. In dieser Slalomstrecke muß enthalten sein:
a) Einsteigen und Ablegen
b) je eine Wende über Backbord und Steuerbord
c) Ansteuern und Durchfahren eines Tores
d) Anlegen und Aussteigen
2. Gewässerkunde
Es sind die Gefahrenstellen im örtlichen Übungsbereich zu benennen. Die interne Fahrordnung des Vereins muß gekonnt werden.
3. Steuern eines Mannschaftsbootes
Als Steuermann sind folgende Rudermanöver zu befehlen und mit der Mannschaft durchzuführen:
a) das Boot anhalten
b) das Boot backbord- und steuerbordseitig zu wenden
c) mit dem Boot rückwärts zu rudern
d) vom Steg ab-/an den Steg anlegen
Das Rudersportfertigkeitsabzeichen in Bronze kann im Altersbereich 10 bis 15 Jahre erworben werden.

II. Rudersportfertigkeitsabzeichen in Silber
1. Nachweis des Abzeichens in Bronze
2. Fahrt im Kunststoff-Einer oder Zweier o. Stm.
a) Boot und Bootszubehör transportieren
b) Bootszubehör einlegen und herausnehmen
c) Einsteigen und Aussteigen
d) Ablegen und Anlegen
e) den Ruderplatz herrichten
Auf Anweisung des Prüfers sind folgende Manöver zu fahren:
– das Boot aus der Fahrt anhalten
– Fahrtrichtungsänderung durch Rudern
– Rückwärtsrudern
f) Verhaltensweise beim Kentern kennen
3. Fahrt im Skull-Mannschaftsboot
– Ablegen und Anlegen vom Steg (ohne Hilfe)

– Durchrudern einer kurzen Strecke mit zwei Wenden
– das Boot anhalten
– das Boot rückwärtsrudern
4. Steuern eines Mannschaftsbootes (II)
Der Nachweis einer verantwortlich als Steuermann geleiteten Ausfahrt im Mannschaftsboot ist zu erbringen. Dazu gehören Anleitung der Mannschaft beim Bootstransport zum und vom Wasser, Vorbereitung des Bootes zur Fahrt, Säubern des Gerätes.
Nachweis der praktischen Kenntnisse eines Steuermanns.
Der Nachweis sollte möglichst im Rahmen eines Steuermannslehrganges für die Übungsstunden erbracht werden.
Altersbereich für das Rudersportfertigkeitsabzeichen in Silber 12 bis 16 Jahre.

III. Rudersportfertigkeitsabzeichen in Gold
1. Nachweis des Abzeichens in Silber
Zwischen dem Erwerb des Abzeichens in Gold und Silber muß eine Saison liegen.
2. Fahrt im Mannschaftsriemenboot
Gefordert werden:
– Ablegen und Anlegen vom Steg (ohne Hilfe)
– Durchrudern einer kurzen Strecke mit zwei Wenden
– Boot anhalten
– Rückwärtsrudern
3. Kenntnis der wichtigsten Schiffahrtsregeln/-zeichen.
Hier sind die auf allen öffentlichen Schiffahrtsstrecken angebrachten Schiffahrtszeichen sowie die Schiffahrtsregeln auf den Binnengewässern der BR Deutschland über einen Fragebogen abzufragen. Die Teilnahme an entsprechenden Lehrgängen der Landesruderverbände wird empfohlen.
4. Tages- oder Wanderfahrt im örtlichen Bereich
Mitarbeit bei der Vorbereitung und Teilnahme an einer Tagesausfahrt oder Wanderfahrt mit Übernahme kleinerer eigenverantwortlicher Aufgaben.
5. Teilnahme an Mehrkämpfen gemäß Jungen- und Mädchen-Wettbewerbsbestimmungen der Deutschen Ruderjugend.
(Auszug aus der amtlichen Bekanntmachung Nr. 2680 des Deutschen Ruderverbands)

Stützpunkte
von Wanderbooten des DRV

Die Verleihung der nachstehend aufgeführten Wanderboote erfolgt im Rahmen der Benutzungsordnung des DRV; dies gilt in der Regel auch für die Wanderboote der Landesruderverbände und der Vereine. Die Benutzungsordnung ist bei dem jeweils Verfügungsberechtigten anzufordern. Die Anmeldung ist bei dem Verfügungsberechtigten durch den Verein vorzunehmen, dem die Teilnehmer an der Wanderfahrt als Mitglieder angehören. Die Zeiten der Bootstransporte werden auf die Benutzungsdauer angerechnet. Verlade- und Transportkosten gehen zu Lasten der meldenden Vereine.

Die Benutzungsgebühren sind bei der Anmeldung an den Verfügungsberechtigten zu zahlen. Sie verfallen, wenn die Fahrt nicht angetreten wird.

Weitere Einzelheiten wie besondere Benutzungsbedingungen, Benutzungsgebühren (soweit nachstehend nicht angegeben), Ausrüstung und Versicherung der Wanderboote, Bootstransporte, Übernachtungsmöglichkeiten usw. sind bei den Verfügungsberechtigten direkt zu erfragen.

Die DRV-Wanderboote sind Kunststoff-D-Vierer, mit Ausnahme der Kunststoff-Seegig in Lübeck, der Kunststoff-Barke in Marktheidenfeld und der Kunststoff-Barke in Kassel. Die Boote sind zum Skullen (S) und/oder Riemen (R) eingerichtet, jedoch nur teilweise mit Skulls *und* Riemen ausgerüstet.

Die Boote sind, mit Ausnahme der Barken, nicht versichert. Im Falle eines Schadens kommt zunächst eine Selbstbeteiligung des das jeweilige Boot benutzende LRV/Vereins in Höhe von bis zu DM 400,– je Schadensereignis zum Zuge. Die Benutzungsgebühren für die DRV-Wanderboote betragen je Boot:

1. Für die Kunststoff-D-Vierer und die Seegig
   a) bei Wochenfahrten:
   je angegebene Fahrtwoche (nicht Kalenderwoche) DM 80,–
   b) bei Wochenendfahrten:
   für jeweils maximal 3 Tage eines Wochenendes (Freitag – Sonntag oder Samstag – Montag) DM 60,–
2. Für die Kunststoff-Barken einschließlich Spezialanhänger
   a) bei Wochenfahrten:

je angefangene Fahrtwoche (nicht Kalenderwoche) DM 250,–
Spezialanhänger (pro Transport) DM 120,–
b) bei Wochenendfahrten:
für jeweils max. 3 Tage eines Wochenendes (Freitag – Sonntag
oder Samstag – Montag) DM 125,–
Spezialanhänger (pro Transport) DM 75,–

Die DRV-Wanderboote befinden sich in Obhut folgender Vereine:
(Auszug aus der amtlichen Bekanntmachung Nr. 2685 des DRV)

Bad Ems
«Lahn» S (S: als Skullboot fahrbar)
Ruderverein Bad Ems e. V.
Herbert Brand, Bleichstraße 15
5427 Bad Ems, Tel (02603) 2406

Kassel
Barke «Deutschland» nur R (R: als Riemenboot fahrbar)
RG Kassel 1927 e. V.
Arno Kumpe, Burgstraße 46
3501 Zierenberg, Tel. (05606) 1218
Die Barke darf grundsätzlich nur auf Fulda und Weser eingesetzt
werden. Fahrten auf anderen Gewässern bedürfen der vorheri-
gen Genehmigung des Ausschusses Wanderrudern des DRV. Die
Barke wird zusammen mit einem Spezialanhänger verliehen und
darf auch nur auf diesem Hänger transportiert werden.

Lübeck
«Erich Maak» S
Seegig «Nordschleswig» nur R
ausgestattet mit Rettungswesten, Kompaß und Schöpfkelle. Das
Boot wird an erfahrene Wanderruderer auch für Küstenfahrten und
Fahrten über offene See freigegeben, wenn die zusätzliche Benut-
zungsordnung für dieses Boot schriftlich anerkannt und eingehalten
wird.
Lübecker Ruder-Klub e. V.
Horst Paesler, Krummeck 24, 2400 Lübeck 1,
Tel. (0451) 595961

Marktheidenfeld
«Danzig» S + R
«Paul Elschner» nur R
Barke «NN» nur R
Die Barke darf grundsätzlich nur auf dem Main eingesetzt werden.
Fahrten auf anderen Gewässern bedürfen der vorherigen Genehmigung des Ausschusses Wanderrudern des DRV. Die Barke wird zusammen mit einem Spezialanhänger verliehen und darf auch nur auf diesem Hänger transportiert werden.
Standort: Marktheidenfeld
Dieter Winsauer, Postfach 48, 8772 Marktheidenfeld, Tel. (09391) 2335 (dienstl.) 832 (priv.)

Passau
«Königsberg» R
«Donau» S + R
Passauer Ruderverein von 1874 e. V.
Wilhelm Gerber, Jakob-Zeiler-Weg 5,
8399 Farstenzell, Tel. (08502) 8585

Regensburg
«Georg Winsauer» S + R
«Jochen Seeck» S
Regensburger Ruderverein von 1898 e.V.
Hans-Peter Schinhärl, Badstraße 32,
8400 Regensburg, Tel. (0941) 85679

Trier
«Dr. Georg Ulex» S + R
«Malepartus» S+ R
Rudergesellschaft Trier 1883 e. V.
Maarstraße 149, 5500 Trier, Tel. (0651) 41011

Neben den DRV-Wanderbooten an den aufgeführten Stützpunkten kann man eine weit größere Zahl von Wanderbooten bei verschiedenen Landesruderverbänden und einzelnen Vereinen, auch bei den ausländischen Ruderverbänden von Dänemark, Schweden und Finnland, ausleihen. Wegen der Möglichkeiten und der Bedingungen im einzelnen wendet man sich am besten an den Ausschuß Wanderrudern im Deutschen Ruderverband oder direkt an die Referenten für Wanderrudern in den Landesruderverbänden.

Anschriften

Es gibt im Gebiet des Deutschen Ruderverbands etwa 400 Rudervereine, so daß in vielen Fällen das örtliche Telefonbuch den kürzesten Draht herstellt. Jedes Bundesland hat einen Landesruderverband, jedoch nur selten mit einer hauptamtlichen Geschäftsstelle,
deren Adresse mit der Neuwahl des Vorsitzenden meist wechselt.
Der Deutsche Ruderverband hat eine mit hauptamtlichen Mitar-
beitern besetzte Geschäftsstelle, die auf alle Fragen Auskünfte erteilen bzw. auf die jeweiligen Fachreferenten verweisen kann.

DRV-Geschäftsstelle
Ägidiendamm 3
3000 Hannover 1
Tel. (0511) 808052 und 808053

Ausschuß Wanderrudern (Stand 1984)
Vorsitzender: Manfred Ganzer, Grimnitzstraße 67, 1000 Berlin 20,
Tel. priv. (030) 3619038, Geschäft (030) 61044321

Referenten für Wanderrudern in den Landesruderverbänden
Stand 1. 1. 1984

Ruderverband Schleswig-Holstein e. V.
   Hinrich Harms, Am Brink 9 c, 2400 Lübeck
   Tel. priv. (0451) 795560, Geschäft (0451) 895021
Allgemeiner Alster-Club/Norddeutscher Ruderer-Bund
   Klaus Lange, Rungestr. 20b, 2000 Hamburg 60
   Tel. priv. (040) 6318818
Landesruderverband Berlin e. V.
   Dieter Arndt, Galenstr. 40–44, 1000 Berlin 20
   Tel. priv. (030) 33032423
Landesruderverband Bremen e. V.
   Peter Wetjen, Im Ziegenförth 3, 3300 Braunschweig
   Tel. priv. (0531) 352788
Landes-Ruderverband Niedersachsen im Landessportbund
Niedersachsen e. V.
   Adolf Otte in Holte, Am Schwarzen Berge 38,
   3300 Braunschweig
   Tel. priv. (0531) 321662

Hessischer Ruderverband
   Günter Fritzsche, Am Wilhelmsdamm 8,
   3507 Baunatal 3
   Tel. priv. (0561) 492551
Nordrhein-Westfälischer Ruder-Verband e. V.
   Rainer Folle, Postfach 800143
   4320 Hattingen, Tel. priv. (02324) 21913,
   Büro (02324) 21177
Landesruderverband Rheinland-Pfalz
   Bodo Büsgen, Nordstraße 9, 6500 Mainz 1
   Tel. priv. (06131) 51893
Ruderbund Saar
   Erich Laubach, Hangweg 2, 6604 Saarbrücken-Fechingen
   Tel. priv. (06893) 3329, Büro (0681) 3905071
Landesruderverband Baden-Württemberg e. V.
   Dieter Nickel, Elsterweg 3, 7031 Grafenau üb. Böblingen
   Tel. priv. (07033) 44303, Büro (07451) 3001
Bayerischer Ruderverband e. V.
   Rolf Baßler, Westliche Stadtmauerstr. 10,
   8250 Erlangen
   Tel. priv. (09131) 22243, Büro (0911) 49671

Literaturhinweise

ADAM, K.: Die Entstehung der modernen Trainingsformen. – In: Rudersport, Lehrbeilage 2/1962.
ADAM, K./LENK, H./NOWACKI, P./RULFFS, M./SCHRÖDER, W.: Rudertraining. – Bad Homburg 1977.
BORRMANN, F.: Die Entwicklungsgeschichte des Ruderstils und seiner Methodik. – Berlin 1936.
BORRMANN, H.: Wir brauchen ein billiges und haltbares Volksskiff! – In: Wassersport 1937, 1131.
DEUTSCHER RUDERVERBAND: Gesetze des DRV. – Hannover o. J. (1981).
DEUTSCHER RUDERVERBAND (Hg.): Handbuch für Wanderruderer. 5. Aufl. – Minden 1983.
DUBACH, W.: Rennrudern. 2. Aufl. – Luzern 1960.
FAIRBAIRN, ST.: On Rowing. Ed. by Jan Fairbairn. – London 1961.
FÉDÉRATION INTERNATIONALE DES SOCIÉTÉS D'AVIRON (F.I.S.A.): Status, Code des courses et Règlements des Championats. – O. O., o. J. (1980)
FEIGE, K.: Riemen, Skull und Paddel. – Berlin 1939.

FEIGE, K.: Natürliches Rudern. 2. Aufl. – Frankfurt/M. 1952.

FREMERSDORF, J.: Zum Problem der Arbeitsökonomie beim Rudern. Die Notwendigkeit einer grundlegenden Umstellung in der Rudertechnik. – In: Wassersport 1935, 389–392.

GAULHOFER, K./STREICHER, M: Natürliches Turnen. Bd. I bis V. – Wien 1930 bis 1961.

HÄNEL, H.: Rudern. Vom Skull zum Riemen.– Frankfurt/M. 1963

HÄNEL, H.: Steuern im Ruderboot. – Minden o. J. (1967).

HARRE, D. (Gesamtredaktion): Trainingslehre. 8. Aufl. – Berlin (DDR) 1979.

HELD, H./KREISS, F.: Vom Apfänger zum Rennruderer. – München/Bern/Wien 1973.

MEINEL, K./SCHNABEL G. (Leitung des Autorenkollektivs): Bewegungslehre. Berlin (DDR) 1976

HERBERGER, E. (Leitung des Autorenkollektivs): Rudern. 4 Aufl. Berlin (DDR) 1977.

LENK, H.: Autoritär oder demokratisch geleitetes Training? – In: Rudersport 1965, 521–523, und in: Gymnasion 3/1965, 13–21.

MOHNKE, P.-A.: Entwicklung des Jungen- und Mädchenruderns in Deutschland nach 1920. – O. O. (Selbstverlag der Deutschen Ruderjugend), o. J. (1975).

REUSS, W.: Ruder, Boot und Bootshaus. – Minden 1964.

SCHRÖDER, W.: Ruderanfängerunterricht in kybernetischer Sicht. – In: Rudersport, Lehrbeilage 2/1964.

SCHRÖDER, W.: Learning to row – It's mere child's play. – In: Gymnasion 2/IV., 18–23 (1967).

SCHRÖDER, W.: Untersuchungen zur Optimierung des Ruderanfängerunterrichtes. – In: LENK, H. (Hg.), Handlungsmuster Leistungssport – Karl ADAM zum Gedenken. – Schorndorf 1977, 283–298.

SCHRÖDER, W.: Anfängerunterricht im Rudern in jugendgemäßer Methodik. Schorndorf 1978.

WOODGATE, W. B.: Rudern und Scullen. – Berlin 1905 (1. Aufl. engl. 1876).

Im Lehrfilm «Arbeitsstreifen Rudern» 1 bis 11 sind die drei im Buch beschriebenen Lehrwege anschaulich dargestellt.
Fachberatung: KREISS, F./SCHRÖDER, W.
Produktion: Institut für Film und Bild in Wissenschaft und Unterricht (FWU). – Erschienen: Schorndorf 1977

Sachregister

Fotonachweis

Horst Lichte, Seite: 26–31, 36–41, 168–177, 180

Alle übrigen Fotos und Abbildungen sind vom Verfasser.

Über den Verfasser

Walter Schröder, Jahrgang 1932, ist Professor und Fachleiter für Rudern am Fachbereich Sportwissenschaft der Universität Hamburg. Von 1948 bis 1960 war er in den Sportarten Leichathletik, Boxen und Rudern aktiv und im Rudern Deutscher Meister im Achter und im Zweier ohne Steuermann, 1959 Europameister, 1960 Olympiasieger im Achter. Von 1960 bis 1973 war er als Ausbilder und Trainer von Männer-, Frauen- und Jugendmannschaften tätig und erreichte mit seinen Mannschaften zahlreiche Bundesbestentitel, Jugendmeisterschaften und Deutsche Meisterschaften.
Seit 1962 hat er in der Sportselbstverwaltung in zahlreichen Fachausschüssen auf Bundes- und Landesebene mitgearbeitet, u. a. im Ausschuß für Jugend- und Schülerrudern, im Lehrausschuß und in der Trainerkommission des Deutschen Ruderverbands. Seit 1965 ist er als Referent auf zahlreichen Ausbilderlehrgängen im In- und Ausland eingesetzt.
Die wichtigsten Veröffentlichungen: Ruderanfängerausbildung in kybernetischer Sicht. – In: Rudersport, Lehrbeilage 2/64, 8 S., 16 Abb. / Wintertraining im Frauenrennrudern. – In: Rudersport, Lehrbeilage 3/4 – 66, 12 S., 20 Abb. / Geschichte des Rudertrainings. – In: K. Adam/H. Lenk/P. Nowacki/M. Rulffs/W. Schröder, Rudertraining. – Bad Homburg 1977, S. 19–30 / Moderne Ruderanfängerausbildung. Voraussetzung für ein modernes Rudertraining. – In: K. Adam/H. Lenk/P. Nowacki/M. Rulffs/W. Schröder, Rudertraining. – Bad Homburg 1977, S. 31–69 / Anfängerunterricht im Rudern in jugendgemäßer Methodik. – Schorndorf 1978.

Arbeitsbücher Sport

Herausgegeben von
Peter Becker, Helmut Digel,
Elk Franke, Michael Klein
und Gunter A. Pilz

Sport und körperliche Gewalt
Arbeitsbücher Sport
Gunter A. Pilz (Hg.)

7603

Sport und Sozialisation
Arbeitsbücher Sport
Peter Becker (Hg.)

7604

Sport und Geschlecht
Arbeitsbücher Sport
Michael Klein (Hg.)

7606

Sport und Berichterstattung
Arbeitsbücher Sport
Helmut Digel (Hg.)

7611

Sport und Freizeit
Arbeitsbücher Sport
Elk Franke (Hg.)

7613

Schulsport Praxis

Herausgegeben von Dieter Brodtmann und Knut Dietrich

Offener Sportunterricht - analysieren und planen
Schulsport Praxis
Frankfurter Arbeitsgruppe

7601

Sport verstehen und gestalten
Schulsport Praxis
Helmut Digel

7602

Spielen und Bewegen an Geräten
Schulsport Praxis
Andreas H. Trebels (Hg.)

7605

Sportunterricht als Körpererfahrung
Schulsport Praxis
Jürgen Funke (Hg.)

7608

Wettkämpfe, Sportfeste, Spielfeste
Schulsport Praxis
Dieter Brodtmann
Gerhard Landau (Hg.)

7610

Sport begreifen, erfahren und verändern
Schulsport Praxis
Dieter Brodtmann
Andreas H. Trebels (Hg.)

7612

Schwimmen - Bewegen und Spielen im Wasser
Schulsport Praxis
Ulrich Joeres
Willibald Weichert

7614